Figures du Savoir : une série de monographies consacrées à un auteur – savant, philosophe, ancien, moderne – ayant contribué à la connaissance, ayant légué à la postérité un outil intellectuel susceptible d'être repris par n'importe quel sujet *pensant*.

Ni biographie, ni commentaire, ni débat, ni reprise mais *enseignement* : une exposition des contributions les plus importantes de l'auteur présenté, conceptions, notions, arguments, thèses, qui en font une *figure du savoir*.

Essai pédagogique : rendre accessible et vivante une pensée pour un lecteur non spécialiste d'aujourd'hui. La contextualiser pour montrer comment elle intervient dans un monde, comment sa façon de s'y poser et s'y distinguer entre en résonance avec les situations et les horizons de *notre* monde. La ramener à des schèmes extrêmement simples et immédiatement parlants pour l'expérience commune. La reconnaître à l'œuvre dans d'autres *lieux* disciplinaires ou d'autres époques culturelles.

En bref, introduire tous les éléments d'information susceptibles de montrer l'*actualité* de cette pensée, sans s'interdire d'indiquer les prolongements, critiques et contre-propositions qu'elle peut appeler aujourd'hui.

FIGURES DU SAVOIR

Collection fondée par Richard Zrehen,
dirigée par Corinne Enaudeau

CAVAILLÈS

Dans la même collection

HOURYA BENIS SINACEUR

CAVAILLÈS

LES BELLES LETTRES

2013

DU MÊME AUTEUR

Corps et modèles. Essai sur l'histoire de l'algèbre réelle, Paris, Vrin, collection Mathesis, 1991, 2e édition 1999.

Le Labyrinthe du continu (coédition avec J.-M. SALANSKIS), Springer-Verlag France, 1992.

Les Paradoxes de l'infini, édition française de BOLZANO Bernard, *Die Paradoxien des Unendlichen*, avec notes et introduction, Paris, Seuil, 1993.

Jean Cavaillès. Philosophie mathématique, Paris, PUF, 1994.

Philosophie des mathématiques, édition française de BERNAYS Paul, *Abhandlungen zur Philosophie der Mathematik*, Paris, Vrin, collection Mathesis, 2003.

La Création des nombres, édition française de DEDEKIND Richard, avec notes et introductions, Paris, Vrin, collection Mathesis, 2008.

À paraître

Frédéric Fruteau de Laclos, *Émile Meyerson*

www.lesbelleslettres.com
Retrouvez Les Belles Lettres sur Facebook et Twitter.

© *2013, Société d'édition Les Belles Lettres*
95, bd Raspail 75006 Paris.
www.lesbelleslettres.com

ISBN : 978-2-251-76075-9

À Zeyna, Maysane et Aya

Je remercie mes collègues et amis, Jean-Michel Salanskis, Alain Michel, Gerhard Heinzmann, Elisabeth Schwartz, Dominique Pradelle, Jean-Jacques Szczeciniarz, président de la Société des Amis de Jean Cavaillès, avec lesquels j'ai discuté à un moment ou à un autre de l'œuvre de Jean Cavaillès. J'exprime aussi ma reconnaissance aux Éditions Les Belles Lettres pour avoir sollicité, par la voix du regretté Richard Zrehen, l'écriture de cet ouvrage, et remercie tout particulièrement Corinne Enaudeau pour ses judicieuses suggestions et le correcteur pour son impeccable inspection du manuscrit, sans oublier Cécile Gallégo et les autres personnes ayant travaillé à « fabriquer » ce bel objet artisanal qu'est un livre.

Avant-propos

Cet ouvrage fait suite à de nombreuses études que j'ai eu l'occasion de mener sur Cavaillès. En un sens il les présuppose et ne les remplace pas, car il présente un point de vue neuf. Cependant, il se veut autosuffisant et appelle une lecture indépendante.

Je présente la pensée de Cavaillès sans entrer ici dans le détail des techniques mathématiques et logiques qui l'ont structurellement étayée. Mon propos reste néanmoins de tracer les cheminements qui ont abouti au programme de philosophie du concept. J'ai montré ailleurs tout ce que ce programme doit aux innovations de la « mathématique conceptuelle » ou mathématique des structures abstraites★ développée dans l'école de David Hilbert et Emmy Noether à Göttingen au début du XXᵉ siècle. Ici, il m'a paru opportun de faire plus de lumière sur la manière dont Cavaillès travaille l'héritage de Hegel, solitairement et indépendamment de la

★ Tous les astérisques renvoient au glossaire en fin de volume.

version anthropologique diffusée par les *Leçons* d'Alexandre Kojève, source d'influence reconnue sur de nombreux intellectuels. L'intérêt singulier de Cavaillès porte sur « La Grande Logique », dont le troisième livre est consacré à « La Théorie du concept », après que les deux premiers livres ont été consacrés respectivement à « La Théorie de l'être » et à « La Théorie de l'essence ». La connaissance des constantes de la pensée hégélienne est indispensable à une compréhension *effective* des arguments cardinaux du livre testament de Cavaillès, *Sur la logique et la théorie de la science*, qui, avec une méthode et un vocabulaire hégéliens, orientent en fait la conclusion vers une position symétrique de celle de Hegel.

J'ai par ailleurs serré de plus près l'explication minutieuse avec la phénoménologie* de Husserl que Cavaillès mène avant de formuler son programme. Il apparaît, comme je l'ai déjà souligné, une proximité à Husserl bien plus profonde que Cavaillès ne l'a reconnu dans diverses déclarations. Je montre que Cavaillès a adopté plusieurs techniques d'analyse introduites par Husserl, tout en étant radicalement en désaccord avec le point de vue phénoménologique global, dans sa dimension subjective et dans sa vision anthropologique des mathématiques comme instrument au service d'autres types de connaissance.

Enfin j'ai voulu préciser, tout au long de ce livre, en des points où s'en offrait l'occasion, comment Cavaillès a enrichi le fonds spinoziste par des aperçus originaux gagnés dans une double et rapide familiarisation avec les courants neufs des mathématiques et de la philosophie de son temps. Par ailleurs, la convergence ultimement confirmée dans *Sur la logique et la théorie de la science* avec Spinoza, je la montre à l'œuvre ici en des détails qui ne peuvent être pleinement compris que dans leur confrontation simultanée avec les textes de Spinoza et de Hegel. Je signale aussi les points de divergence d'avec Spinoza.

Pour ne pas alourdir le texte, j'ai limité le nombre de notes en bas de pages, sans toutefois m'interdire les renvois à des textes ou témoignages précis, sans lesquels une introduction à l'œuvre d'un penseur ne remplirait pas sa tâche d'invitation à une lecture personnelle. Mon objectif est avant tout d'offrir à découvert ce que je crois être la substance des assertions, souvent elliptiques, de Cavaillès. Les références indiquent la date de première publication d'une œuvre, de manière à mettre en évidence sa disponibilité éventuelle à l'époque de Cavaillès ; les pages sont celles de la traduction française ou de l'édition retenue ici et citée à la première occurrence de sa mention. Pour les écrits de Cavaillès, la pagination renvoie à l'édition des *Œuvres complètes de philosophie des sciences*. Par ailleurs un glossaire indique, de manière si possible informelle, la définition des termes techniques de mathématique, de logique ou de philosophie.

Abréviations

MAF : *Méthode axiomatique et formalisme. Essai sur le problème du fondement des mathématiques*, Paris, Hermann, coll. Actualités scientifiques et industrielles, 1938.

TAE : *Remarques sur la formation de la théorie abstraite des ensembles. Étude critique et historique*, Paris, Hermann, coll. Actualités scientifiques et industrielles, 1938.

CD : *Briefwechsel Cantor-Dedekind*, Paris, Hermann, 1937. Traduction dans Cavaillès, *Philosophie mathématique*, Paris, Hermann 1962.

PM : « La pensée mathématique », 1939, *Bulletin de la Société française de philosophie*, vol. XL, 1946, p. 1-39.

CP : « Du collectif au pari. À propos de quelques théories récentes sur les probabilités », *Revue de métaphysique et de morale*, vol. XLVII, 1940, p. 139-163.

TC : *Transfini et continu*, Paris, Hermann, 1947.

LTS : *Sur la logique et la théorie de la science*, Paris, Presses universitaires de France, 1947.

MF : « Mathématiques et formalisme », *Revue internationale de philosophie*, vol. III, n° 8, 1949, p. 3-9.

OC : *Œuvres complètes de philosophie des sciences*, Paris, Hermann, 1994. Ce volume reproduit tous les écrits précédents.

LAB : « Lettres inédites de Jean Cavaillès à Albert Lautman », *Revue d'histoire des sciences*, vol. XL, n° 1, janvier-mars 1987, p. 117-128.

LEB : « Lettres à Étienne Borne », *Philosophie*, n° 107, automne 2010, p. 3-45.

I

Profil : de l'École à la guerre

> « *Un philosophe mathématicien bourré d'explosifs, un lucide téméraire, un résolu sans optimisme. Si ce n'est pas là un héros, qu'est-ce qu'un héros ?* »
>
> Georges Canguilhem.

Fils et petit-fils de militaire, Jean Cavaillès naît en 1903 à Saint-Maixent-l'École, dans le département des Deux-Sèvres. Son père enseigne à l'école militaire. Sa famille, protestante, très croyante, est attachée aux valeurs de rigueur, de droiture, de patriotisme républicain, d'honneur. De justice aussi : on y est dreyfusard. La musique tient une grande place : Cavaillès y est initié par sa mère, qui joue du piano. La musique sera une des sources profondes de son inspiration philosophique, un objet d'enchantement et d'échange avec sa sœur aînée, Gabrielle Ferrières, dont le livre de souvenirs[1] nous invite dans l'intimité familiale.

Enfant, Cavaillès reçoit ses premières leçons de sa mère. Puis, au gré des affectations de son père à Pau, à Marmande, à Mont-de-Marsan, à Bordeaux, à Saintes, à Bayonne, il poursuit des études un peu décousues mais ancrées dans l'habitude prise de travailler seul. Toute sa vie il sera seul et très chaleureusement entouré. Adolescent, il est attentif aux événements de la première guerre mondiale, qu'il consigne dans un cahier. Après un double succès au baccalauréat de philosophie et à celui de mathématiques, le voilà, à l'automne 1920, en lettres supérieures au lycée Louis-le-Grand. Après une année en première supérieure, il refuse l'embrigadement scolaire, quitte le lycée et prépare, seul, le concours d'entrée à l'École normale supérieure (ENS). Entre-temps il a obtenu, en 1921, sa licence de philosophie.

En 1923, Cavaillès est reçu premier à l'ENS. Cela le désigne à l'attention de ses condisciples, qui admirent le « cacique », « un peu de loin », rappelle Raymond Aron. Il est en effet « assez solitaire, souvent muré dans ses méditations », proche des scientifiques, car il prépare la licence de mathématiques en même temps qu'il fait du grec avec Lucien Herr, directeur de la bibliothèque de l'École, et suit les cours de philosophie d'Émile Bréhier et de Léon Brunschvicg. C'est déjà un « personnage », à part, auréolé d'un prestige singulier et qui déclare à l'un de ses agrégatifs, Georges Gusdorf : « J'aime bien

---

1. Ferrières Gabrielle, *Jean Cavaillès. Un philosophe dans la guerre, 1903-1944*, Paris, PUF, 1950, réédité aux éditions du Seuil, 1982, et aux éditions du Félin (coll. Résistance-Mémoire-Liberté), 2003, noté ci-après G.F.

l'École parce que c'est le seul endroit au monde où je puisse rester trois semaines sans dire un mot à qui que ce soit et sans que personne ne m'en veuille. » Le même pourtant recherche ardemment le dialogue, la communion même, écrira à sa sœur : « Je supporte mal la solitude », et, aspirant au don de soi, il s'investira dans des œuvres religieuses et sociales collectives. Épris d'un « rationalisme radical » et sujet à la « débauche d'affectivité », avec des élans de ferveur mystique, l'homme est plus complexe qu'il n'y paraît. Sa philosophie le sera aussi. Cavaillès est peu loquace, rompu à l'art de l'ellipse, et sa pensée est d'un abord ardu. C'est pourquoi elle est longtemps restée hermétique pour beaucoup.

Cavaillès obtient l'agrégation de philosophie en 1927, la même année que Georges Canguilhem. Dès lors et grâce aux bourses Rockefeller, il fait des séjours répétés en Allemagne, aimanté par le plaisir de retrouver la patrie de Kant, qu'il avait visitée l'été 1921 alors qu'il était lycéen, et par le désir de découvrir sur le terrain les nouvelles théories mathématiques et les nouvelles doctrines philosophiques. Les thèmes de l'infini et du continu mathématiques, la théorie des ensembles de Cantor et de Dedekind, l'axiomatique de Hilbert et sa théorie logique de la démonstration, les promesses de la phénoménologie et son apport, conjugué à celui de la dialectique kierkegaardienne, à la théologie chrétienne, le contact avec une autre culture en pleine effervescence et en plein tumulte, constituent autant d'appels. Sur place, Cavaillès étudie parallèlement le mouvement de jeunes *Jugendbewegung*, observe la crise du protestantisme allemand, scindé en *Chrétiens allemands*, « transposition religieuse du national-socialisme », et protestataires (dont Karl Barth) contre la mainmise de l'autocratie politique sur la foi[2]. Mathématiques, philosophie, foi, politique, conflit religieux et remous sociaux se partagent l'intérêt en alerte du chercheur.

À l'École, Cavaillès a diverses activités liées à sa place de cacique, à sa fonction au Centre de documentation sociale dirigé par Célestin Bouglé, à son enseignement mathématique destiné à « éveiller des vocations de philo des sciences » chez les élèves philosophes de première année, à son engagement dans le « Groupe chrétien », animé par des protestants d'orientation œcuménique, à son intérêt pour un enseignement de morale pratique et pour les relations culturelles franco-allemandes (l'« esprit de Locarno », perpétué par les rencontres de Davos[3]). Contrairement à d'autres philosophes français, hostiles à la tournure dont va dériver l'existentialisme français, Cavaillès tend à considérer que, si métaphysique soit-elle, la phénoménologie allemande exprime « le même univers

---

2. Voir *Philosophia scientiæ*, vol. III, n° 1, 1998, Presses universitaires de Nancy.

3. Une dynamique de paix européenne a été instituée par le pacte de Locarno en 1925, concrétisée par les conférences annuelles, de 1928 à 1931, d'intellectuels européens à Davos. La première conférence est ouverte par le maire de Davos, Albert Einstein et Lucien Lévy-Bruhl ; y participent entre autres Charles Blondel, Célestin Bouglé, Paul Desjardins, Marcel Mauss, Jean Piaget, Henri Piéron, le théologien Paul Tillich. Cavaillès participe en 1929 à la deuxième conférence et assiste à la célèbre discussion entre Martin Heidegger (1889-1976) et Ernst Cassirer (1874-1945), qu'il relate dans un compte rendu (*Les Deuxièmes Cours universitaires de Davos, du 17 mars au 6 avril 1929*, Davos, Kommissionsverlag, Heintz, Neu & Zahn, 1929). À la troisième conférence participent Lucien Febvre, Maurice Halbwachs, Hermann Kantorowicz, Marcel Déat, Paul Langevin, Ignace Meyerson. L'arrivée au pouvoir de Hitler en janvier 1933 met fin aux relations culturelles franco-allemandes.

spirituel que la réflexion rationaliste française ». Notation importante en ce qu'elle révèle l'absence d'*a priori* et de sectarisme. « Rationaliste radical », Cavaillès se garde néanmoins de toute exclusive.

Dirigé par Léon Brunschvicg (1869-1944), Cavaillès prépare ses thèses, qu'il soutient en 1938. La thèse principale, *Méthode axiomatique et formalisme. Essai sur le fondement des mathématiques* (*MAF*), présente, avec force détails mathématiques, des éléments pour une nouvelle théorie de la raison pure. Cavaillès met ses pas dans ceux de Kant, « un des plus grands penseurs de l'humanité » pour avoir poussé si loin l'analyse des conditions rationnelles de la pensée et de l'action, et cherche à réinterpréter l'intuition par référence aux derniers développements mathématiques sur le continu, l'infini, le calculable, le mesurable. La thèse secondaire, *Remarques sur la formation de la théorie abstraite des ensembles. Étude historique et critique* (*TAE*), a une facture historique plus linéaire, mais il s'agit d'une « histoire critique », dans laquelle les réflexions épistémologiques l'emportent en intérêt sur la description des faits. Suivront deux importants articles ; l'un, « La pensée mathématique » (*PM*), est le texte de l'intervention à la *Société française de philosophie* en duo avec son ami Albert Lautman (1908-1944), également normalien, également philosophe-mathématicien, également auteur de réflexions séminales sur l'histoire et la philosophie « mathématiques modernes » (fin du XIXe siècle – premier tiers du XXe siècle), également engagé dans la Résistance, également victime des nazis. Dépourvu d'outillage technique, ce texte est d'une lecture aisée, même si une compréhension en profondeur ne saurait totalement se passer d'un détour mathématique. L'autre texte, « Du collectif au pari » (*CP*), est une réflexion mûrie sur le calcul des probabilités, auquel Cavaillès avait d'abord consacré ses recherches avant de se tourner vers la théorie de Cantor. Publié en 1939 peu avant la mobilisation de son auteur, cet écrit à l'accent pascalien est prémonitoire de la conduite intrépide du résistant et témoigne de la cohérence profonde du penseur et de l'homme d'action. D'autres textes de Cavaillès seront mis à contribution dans cette étude, et surtout son livre posthume publié par les soins du philosophe Georges Canguilhem et du mathématicien Charles Ehresmann : *Sur la logique et la théorie de la science* (*LTS*), ainsi que l'article « Transfini et continu » (*TC*), tous deux rédigés alors qu'il est plongé dans le combat contre Vichy et les nazis.

À l'ENS Cavaillès a pour amis les mathématiciens du groupe Bourbaki, des philosophes parmi lesquels Georges Canguilhem, Albert Lautman, Étienne Borne, Jean Gosset, les sociologues Raymond Aron et Georges Friedmann, des membres du Groupe chrétien. Entre science, foi, pacifisme, engagement, la palette des orientations idéologiques et politiques est pour le moins diverse. Au lycée d'Amiens, où il est nommé en 1936, Cavaillès fait la connaissance de Lucie Aubrac, à qui il explique l'Allemagne et le fascisme, et a pour élève Pierre-Yves Canu, futur résistant, à qui il explique le rythme des vers de Corneille et de Rimbaud. À Strasbourg, nommé en 1938 maître de conférences à l'université, il se sent « pousser des racines » ; l'environnement géographique et intellectuel lui convient en effet : en plus d'une belle cathédrale, il y a un fleuve qui l'incite à des transports rimbaldiens, et il retrouve des amis, Lucie Aubrac et Charles Ehresmann, côtoie de grands mathématiciens, André Weil et Henri Cartan, qui lui adressent, électivement, le traité d'analyse des fondateurs du groupe Bourbaki. À Strasbourg, à l'ombre de la cathédrale et sur les rives du Rhin, entre France et Allemagne, se joue un engagement multiple :

dans la solide vérité des sciences mathématiques, dans la dénonciation des comportements antijuifs, dans la rationalité de la pensée, dans le rythme de la poésie et dans l'harmonie de la musique.

À la déclaration de la guerre en septembre 1939, mobilisé, Cavaillès est aux premières lignes près de Forbach. « Là où se trouve le danger, là aussi doit être le chef » rétorquera-t-il aux conseils de prudence des siens. Comme lors de son service militaire en 1927-1928 à Souge, en Gironde, Cavaillès montre un moral de chef, menant ses hommes et les affectionnant. L'ordre d'attaquer se fait attendre, c'est la « drôle de guerre ». Le combattant se livre néanmoins à d'audacieuses reconnaissances. Il est cité à l'ordre du 43e régiment d'infanterie coloniale comme « officier d'une haute valeur morale », ayant donné « l'exemple d'un courage et d'un sang-froid remarquables ». Commence à se dévoiler la stature de héros qui ne fera que s'affirmer jusqu'à l'issue fatale en février 1944. Les hommages, aujourd'hui nombreux quoique souvent discrets, rendus au héros « hors du commun », n'empêchent pas de rappeler brièvement ici les actes qui ont forgé dans notre mémoire l'image de « haute figure non conformiste, étonnant philosophe dévoré de la passion d'agir ».

Philosophe brillant, Cavaillès ne cherche pas, comme certains normaliens, à « préserver son cerveau pour la France ». Il engage son intelligence, son esprit logique[4], sa lucidité, son courage, son sens de l'organisation et de la fraternité, sa maîtrise du risque, car « il faut d'abord gagner la liberté avant de l'aménager ». Prisonnier une

---

4. Lucie Aubrac rapporte que lorsqu'il proposait à ses compagnons résistants un plan ou une tactique d'action il concluait toujours par « c'est logique ! ».

première fois des Allemands en juin 1940, une première fois évadé, Jean Cavaillès refuse l'armistice et devient un acteur majeur, et pionnier, de la Résistance. Christian Pineau, qui fondera avec lui le réseau Cohors, décrit « ce professeur aux gestes vifs, aux yeux brillants…, différent des hommes rencontrés jusqu'ici, ayant plus le goût du combat que celui de la conspiration, le mot Résistance a pour lui son véritable nom ».

Résistance civile au gouvernement de Vichy : à Clermont-Ferrand, où s'est repliée l'université de Strasbourg, à l'automne 1940, il retrouve Lucie et Raymond Aubrac et il rencontre Jean Rochon, secrétaire de rédaction au journal *La Montagne*, ainsi qu'Emmanuel d'Astier de la Vigerie. Ils créent, avec Georges Zérapha, riche banquier et membre fondateur de la revue *Esprit* et de la LICRA (Ligue internationale contre le racisme et l'antisémitisme), le mouvement Libération-Sud, qui a pour objectif la propagande et le renseignement, et rapidement pour organe régulier le journal baptisé par Cavaillès *Libération*. Georges Canguilhem est engagé dans l'entreprise. L'éditorial du premier numéro, paru en juillet 1941, se propose d'indiquer « les tâches qui incombent aux Français qui n'ont pas RENONCÉ » et commente : « Ainsi ce journal ne sera pas une feuille de papier, mais un acte. » Nommé à la Sorbonne à la rentrée de 1941, Cavaillès crée et dirige, avec Christian Pineau, le mouvement Libération-Nord, tandis qu'il rédige « Transfini et continu ». Les mathématiques, la logique et la philosophie sont les fidèles compagnons intimes de ce combattant[5]. Ses capacités organisationnelles

5. « Il était capable en même temps de concevoir un cours, de rédiger un article, de trouver un moyen de se procurer des renseignements, d'organiser un sabotage et de mettre au point

et tactiques, son sens des responsabilités et d'entreprise, son idée de la grandeur de la France, lui valent parmi ses amis le surnom de Sully[6].

Résistance militaire : en avril 1942 Cavaillès crée le réseau Cohors, qui réunit des polytechniciens (Marcel Ferrières), des normaliens (Yves Rocard, l'inventeur du radar, Jean Gosset), des camarades de guerre (Henri Malan), des universitaires (Jean Lameere, qui, de Bruxelles, organise une filière d'évasion vers la Belgique). Cavaillès vise l'action immédiate, c'est-à-dire le renseignement militaire et le sabotage. Arrêté par la police française alors qu'il tente de s'embarquer avec Christian Pineau pour Londres, il est incarcéré à Montpellier, puis, jugé « dangereux pour la sécurité de l'État », il est interné au camp français de Saint-Paul-d'Eyjeaux en septembre 1942. Il y commence son traité de logique, qui sera intitulé par ses éditeurs en 1947 *Sur la logique et la théorie de la science*, et laisse aux prisonniers le souvenir impressionné d'une conférence sur « Descartes et le discours de la méthode ». Évadé le 29 décembre 1942, Cavaillès rejoint Lyon, puis Paris, entre dans une clandestinité totale sous des identités successives : Marty, Hervé, Carrière, Chenevière, Benoît, Crillon, Daniel, et, révoqué de son poste à la Sorbonne par le gouvernement de Vichy, il se consacre entièrement à des tâches militaires. De février à avril 1943, à Londres, Cavaillès prend contact avec la France libre ; il est reçu par le général de Gaulle, auquel il apporte un triple symbole : une statuette représentant la France enchaînée, un almanach des provinces de Provence, des photos de la cathédrale

une méthode de codage », Aubrac Lucie, intervention au colloque d'Amiens, Centre national de documentation pédagogique, 1984.
    6. Témoignage de Lucie Aubrac.

de Chartres avec des vers de Péguy. Il défend avec succès auprès du Bureau central de renseignements et d'action (BCRA) sa ligne militaire contre la ligne politique de Pineau. Cavaillès se situe délibérément en dehors des stratégies de pouvoir futur (à d'autres les ambitions de portefeuilles ministériels !), pleinement dans les impératifs du présent qui ouvriront un avenir hors servitude. De retour à Paris il met sur pied une section « Action immédiate » qu'il confie à Jean Gosset et continue de travailler à son traité de logique. Trahi, il est arrêté par le contre-espionnage allemand le 28 août 1943. Au secret à Fresnes, Cavaillès travaille encore, sa famille lui apporte des livres prêtés par Gaston Bachelard. Interrogé par les Allemands, il reconnaît les actes « qui le concernaient, seul » et explique qu'il n'a fait que se conformer aux valeurs de grands esprits allemands, Kant ou Beethoven. En février 1944 il est fusillé à Arras et inhumé de manière anonyme. Il devient « L'inconnu numéro 5 », mais aussi compagnon de la Libération et chevalier de la Légion d'honneur à titre posthume. Exhumé en juin 1945 et identifié par Raymond Aubrac et Gabrielle Ferrières grâce aux photos trouvées sur lui, son corps est transféré dans la crypte de la Sorbonne.

« J'ai souvent pensé, écrit Canguilhem, qu'on n'aurait pas pu trouver, si on l'avait cherchée, une épitaphe plus émouvante pour un philosophe mathématicien ; cinq, la somme du premier pair et du premier impair, et l'inconnu, cette limite de la pensée que la philosophie tantôt exalte et tantôt exorcise, alors que la mathématique la réduit calmement par le calcul. »

De Cavaillès, Emmanuel d'Astier de la Vigerie fera le portrait d'un « pur », « rageur », « renfermé », brûlant d'un « feu contenu par la pudeur, l'intelligence et l'ironie ». Lucie

Aubrac évoquera « toute cette puissance de l'esprit, de l'espoir et de la volonté qui émanait de lui ». Aussi indépendant qu'il est intransigeant. Aussi fraternel qu'il est inflexible. Aussi vigilant qu'il est précis. Aussi réaliste qu'il est clairvoyant. Aussi déterminé qu'il est intrépide. « Philosophe à la fois réfléchi et téméraire, exécutant personnellement les actes de terrorisme », témoigne Georges Canguilhem. Avec en plus le panache d'un chevalier de la liberté. Image qui fascine cinéastes[7], poètes[8], historiens, philosophes. Parce que résister c'est « restituer à l'univers ses langages[9] ».

La traversée des langages, l'emblème est conforme à la tentative sans cesse renouvelée de Cavaillès d'aller à la recherche de la flamme vive, semblablement ardente dans les éclats ou les lueurs qu'elle jette différemment sur la science, la pensée, la croyance, l'art.

La pensée multiple de Cavaillès, nourrie à diverses sources, invite donc à une lecture transversale où technique mathématique, réflexion philosophique, exigence morale se rejoignent dans une vision unitaire. C'est pourquoi j'aborderai son œuvre par ses arcs-boutants, les thèmes et concepts qui progressivement en édifièrent la voûte à partir de réflexions sur des éléments de provenance variée.

---

7. Cf. *L'Armée des ombres*.

8. Armand Gatti écrit en 1995 *L'Inconnu n° 5 du fossé des fusillés du pentagone d'Arras*, proposant aux « loulous » un modèle pour s'armer contre l'indignité à laquelle la société les ravale. Cavaillès y est la figure du mathématicien, philosophe, résistant. En 1996 Gatti récidive avec une exposition au foyer des jeunes travailleurs de Sarcelles : *Soit X, l'inconnu*. Le cycle des quinze pièces constituant *La Traversée des langages* s'organise autour de Cavaillès, résistant à la croisée des langages de la science, de la philosophie et de la poésie. Gatti met en scène comme personnages les concepts mêmes manipulés par Cavaillès : les groupes mathématiques, les axiomes, etc.

9. Armand Gatti.

II

Repères : l'effort, la rigueur, l'exigence, la nécessité, la liberté

Cavaillès a d'abord été relativement mieux connu, au moins dans le milieu des philosophes, par ses faits de Résistance que par son œuvre philosophique. En dépit de son immense retentissement dans la conscience philosophique, grâce à l'annonce prophétique d'un programme que d'autres, après lui, tenteront diversement de réaliser, le programme de philosophie du concept, et par l'effet de formules concises et denses, énigmatiques quoique suggestives, l'œuvre est longtemps demeurée peu accessible et peu familière au plus grand nombre. Seuls en ont immédiatement saisi la radicale singularité et la décisive portée épistémologique quelques philosophes parmi ses proches, amis ou disciples : Georges Canguilhem, Gilles-Gaston Granger, Jean-Toussaint Desanti, le père

Dominique Dubarle, qui lui a consacré une éclairante étude, publiée en 1948 dans la *Revue de métaphysique et de morale*. Impressionnante mais peu étudiée, absolument célèbre et quasiment inconnue, tel fut, un temps, le sort paradoxal d'une pensée très élaborée, nourrie de savoir précis et détaillé en de vastes domaines des mathématiques, de questions fondamentales par lesquelles elle se confronte aux plus grands philosophes et dialogue avec eux (Spinoza, Kant, Husserl, sans parler de Hegel visiblement prégnant quoique évincé d'une position tutélaire) ; une œuvre sans facilités, d'une inflexible exigence. On devinait certes combien cette œuvre était singulière – « dissonante » écrit si justement Canguilhem[1] –, on comprenait qu'elle procédât de l'exceptionnelle hauteur d'esprit de son auteur, on en réalisait l'envergure et la profondeur, on en admirait ou rejetait les formules sans les expliciter ni les réfuter, l'alchimie de leur composition restant à découvrir. Des interrogations sur les clés qui en auraient ouvert le trésor de signification demeuraient en suspens.

En fait, Cavaillès n'a pas construit un système philosophique avec des principes stipulés et leurs conséquences ordonnées. Trait insigne et partagé par d'autres penseurs autour de lui, Georges Canguilhem notamment, qui en attribue la paternité à Brunschvicg : « Léon Brunschvicg [...] est le philosophe pour qui nous avions le plus de considération. Il ne laissait passer aucune occasion de dénoncer la mauvaise alliance entre philosophie et système[2]. » La

---

1. « Une vie, une œuvre. 1903-1944, Jean Cavaillès, philosophe et résistant », France Culture, 27 avril 1989, in *OC*, p. 686.
2. « Raymond Aron et la philosophie critique de l'histoire. De Hegel à Weber », *Enquête*, n° 7, 1992, en ligne : http://enquete. revues.org/document138.html.

philosophie de Cavaillès est une méditation articulée à un puits de connaissances, non un système réduisant la pensée à quelques thèses.

À vingt ans déjà, Cavaillès découvre en effet la niaiserie de l'esprit partisan et la sagesse qui consiste à ne rien affirmer *d'abord*. Il décide de s'éduquer à résister à l'impulsion spontanée et à se garder des professions de foi précipitées, inconsidérées. En revanche, « on a toujours avantage sur quelqu'un quand on lui fait des objections », observe-t-il[3]. Deux décennies plus tard, *Sur la logique et la théorie de la science*, ouvrage testament où Cavaillès n'évoque les données mathématiques et logiques que pour mieux se focaliser sur la substance philosophique des questions et des objections qui le conduisent progressivement à sa philosophie du concept, n'est pas écrit *more geometrico*. Si d'aventure il avait jamais eu pareil projet, il n'aura pas eu le loisir de l'exécuter formellement : dans l'urgence des prisons et des interrogatoires il se hâte de tracer les points essentiels de sa trajectoire. Sa pensée se concentre sur les nœuds qu'il faut défaire ou trancher pour dégager de nouvelles voies. Elle n'est pas linéaire ni toujours explicite, elle est multiple et ramassée, faite d'éclats et de brèches qui ouvrent des perspectives. Le nerf est dans les objections serrées à la théorie de la connaissance de Kant, de Leibniz, de Brunschvicg, de Brouwer, de Carnap, de Husserl. Mais par cela même, la pensée est charpentée, argumentative, localement déductive et globalement fortement cohérente. Des témoignages et vibrants éloges de Georges Canguilhem ressort un principe fondamental d'intelligibilité : l'unité et l'adéquation du verbe et du geste, de la pensée et de l'acte. Cohérence *éthique* redoublant

3. Lettre du 3 février 1924, G.F., p. 31.

la cohérence logique du penseur. L'alliage intime de la stricte raison à la ferveur vive, de l'austère abstraction des procédures mathématiques et des concepts philosophiques à l'effectivité charnelle de questions existentielles procède en effet chez Cavaillès d'une disposition éthique qui se manifeste, même s'il n'en discourt pas, tant dans ses écrits les plus techniques que dans ses prises de décision intellectuelles et politiques. Hors de cette disposition on ne saurait comprendre, par exemple, l'éloge du « mathématicien militant[4] », de la « science militante[5] », ni la valorisation de l'invention mathématique, « choix de la rébellion[6] » contre la tradition et lieu d'immanence de « la vraie raison, l'absolu de pensée[7] », ni l'insistance répétée sur l'« expérience mathématique », par quoi il signifiait que toute connaissance, même la plus abstraite et la mieux affranchie des conditions de son émergence, est expérience. Mais l'expérience n'est rien sans la pensée de l'expérience, sans un travail mobilisant les ressources objectives et leur savoir effectif, les faits de science et leur reproduction dans une démarche personnelle. Il ne s'agit pas seulement de ce qui est, mais de ce qui est à comprendre et de ce qui est à faire. La philosophie de Cavaillès ne se laisse pas compartimenter : aucun problème, même strictement mathématique, ne se pose pour lui à l'état isolé. Tout problème allie l'esprit d'exactitude à une réflexion philosophique et à une rectitude morale. Pas de science qui ne contribue à réaliser une vue philosophique et à activer une morale. Ainsi, la mathématique, par sa

---

4. *TAE*, p. 362.
5. *LTS*, p. 505.
6. *TAE*, Introduction, p. 28.
7. Lettre à Étienne Borne du 25 août 1930, *LEB*, p. 23.

facture démonstrative, induit la critique, en métaphysique et en morale, de l'illusion des causes finales. On n'explique pas les objets mathématiques, le cercle par exemple, par leurs fins mais par leurs propriétés essentielles, leur définition. Et la norme du vrai est la démonstration qui établit le lien de nécessité entre définition et théorèmes. De même l'ordre du monde n'est pas orienté par une fin ni n'est le fruit du hasard. Il est nécessaire. De même sont nécessaires les actes inspirés par la disposition éthique. Du pur spinozisme bien sûr !

Le parcours de vie de Cavaillès et cette disposition constante et têtue par laquelle l'écriture lui est aussi nécessaire que le combat commandent d'entrer dans sa philosophie par la porte de l'exigence morale. C'est un « traité de logique », pas un traité de morale, que Cavaillès nous a légué. Mais la morale était pour lui une exigence consubstantielle, qu'il a mise en œuvre et illustrée magnifiquement. Son ressort ? « L'effort : aller toujours plus loin », dit Gabrielle Ferrières.

L'effort

La morale de Cavaillès, non des principes, mais l'effort. Non l'édiction de normes, mais leur incarnation. Non des certitudes bien assises, mais des tentatives, une quête incessante par-delà le doute. Non pas l'obéissance, mais l'initiative.

L'effort, vertu première requise dans les apprentissages, l'exercice, le travail, la recherche, la lutte, trouve un fondement philosophique dans le *conatus*⋆ de Spinoza (1632-1677). « L'effort par lequel toute chose tend à persévérer dans son être n'est rien de plus que l'essence⋆

actuelle de cette chose[8]. » L'effort comme actualisation d'une essence, essence qui n'est pas déjà donnée mais toujours à accomplir dans une durée indéfinie. Pas de divorce entre l'être *hic et nunc* et l'essence, qui nous échapperait à jamais si elle ne venait à l'existence. L'essence est immédiatement présente dans la *puissance*, le potentiel de toute existence singulière. Réciproquement, exister c'est tendre à réaliser la plénitude de son essence. Non pas se conserver mais se réaliser, ou plutôt vouloir persévérer jusqu'à être pleinement soi-même et s'affirmer dans sa singularité. Volonté n'est qu'un autre mot pour l'effort de l'âme. Et l'âme* n'est rien d'autre que connaissance. La volonté est donc effort de connaissance, son affirmation et son actualisation. La volonté n'est pas une faculté isolée, abstraite ; vouloir s'enracine dans le pouvoir de connaître et le prolonge. Ce n'est pas que la connaissance explique la volonté, c'est que les deux sont indivisiblement unies dans le même effort d'être.

D'où l'unité indéchirable de la pensée et de la vie, de la raison et de la sensibilité, de l'âme et du corps. Le rationalisme de Cavaillès n'est pas cartésien mais spinoziste. La rigueur du logicien n'est pas rigoriste ; elle n'écarte ni la passion, ni l'enthousiasme, ni la tristesse, ni la joie. On le voit dans son introduction à la correspondance Cantor-Dedekind, qui relate le « drame » de la théorie des ensembles, la « véritable souffrance » de Cantor face à ses détracteurs, sa « fougue créatrice, quelquefois hasardeuse »[9]. On le voit davantage encore dans les lettres à sa famille et les lettres

8. *Éthique*, III, proposition 6. (*Le Spinozisme* de Victor Delbos, réédité en 2005, Paris, Vrin, constitue une excellente introduction à l'œuvre de Spinoza.)
9. *CD*, p. 377-383.

à Étienne Borne. Raison et sensibilité sont dans la nature de l'homme, sans la diviser pour autant. La dualité n'est pas exclusion de l'une au profit de l'autre. Au contraire, de l'une à l'autre la continuité est assurée par un dynamisme naturel qui mène les « âmes bien nées » ou « réformées » du bien au mieux et du mieux à un mieux chaque fois supérieur. « Aller toujours plus loin. »

Cavaillès s'est reconnu spinoziste. Déclaration qui exprime l'inspiration dominante de sa forme de vie, de pensée, d'agir, et l'unité si profonde de ces trois structures principales. Spinoza était alors un philosophe retrouvé. L'étude de l'œuvre de « l'hérétique »[10], un temps reléguée aux placards de l'histoire intellectuelle, est remise sur le devant de la scène d'abord en Allemagne et d'abord par Gotthold Lessing (1729-1781), dont la déclaration : « Il n'y a pas d'autre philosophie que la philosophie de Spinoza » déclenche ce qu'on a appelé « la querelle du spinozisme », bataille pour ou contre la raison et simultanément contre ou pour la foi. L'enjeu philosophique est de taille : Emmanuel Kant (1724-1804), le philosophe de la raison pure et des Lumières, écrit la *Critique de la faculté de juger* pour démonter le spinozisme par son idée de « finalité sans fin » ; Friedrich Hegel (1770-1831) voit dans la conception spinoziste la première figure dépassée de sa propre pensée de l'absolu⋆. Il affirme : « Spinoza est le moment crucial de la philosophie moderne : ou bien le spinozisme ou

10. Pour avoir soutenu qu'il n'y a de Dieu que philosophiquement compris, Spinoza fut exclu de la communauté juive d'Amsterdam pour hérésie. Ultérieurement sa conception d'un Dieu immanent à la nature (*Deus sive natura*) lui a valu le qualificatif d'athée au xviie siècle, puis de panthéiste au xviiie.

bien pas de philosophie du tout[11]. » En France, Léon Brunschvicg, qui n'aime pas en Hegel son romantisme spéculatif*, son affirmation de la prééminence de la philosophie sur le savoir scientifique[12], sa philosophie de l'histoire, identification stricte de la logique et de l'histoire méconnaissant l'imprévisibilité des faits, et qui déconseille même à l'occasion[13] de lui consacrer une thèse, joue un grand rôle dans l'intérêt renouvelé pour Spinoza. Brunschvicg préfère le classique qui procède *more geometrico* au romantique, dont il reconnaît pourtant le prestige et le mérite au titre de « prince » des philosophes du XIXe siècle[14]. Le verdict de Brunschvicg est néanmoins sans appel : « Il n'y a aucun cas à faire, écrit-il, ni de l'historien qui se plaît à redresser la ligne trop sinueuse des données contingentes pour les adapter aux nécessités d'un système, ni du logicien qui force les cadres de la démonstration rationnelle pour incorporer dans la synthèse totale de l'univers ou de l'esprit toutes les formules de médiation que lui ont suggérées

11. *Leçons sur l'histoire de la philosophie*, t. VI, trad. Garniron Pierre, Paris, Vrin, 1985, chapitre sur Spinoza.

12. « Hegel, écrit Brunschvicg, se détache de la science contemporaine : elle est devenue trop sinueuse, trop complexe, trop instable, pour servir l'intérêt de la spéculation dogmatique, qui veut des systèmes simples et définitifs », *L'Expérience humaine et la causalité physique*, Paris, Alcan, 1922, p. 563.

13. À Henri Lefèvre, auquel André Breton fait découvrir la *Logique* de Hegel et qui publie en 1939 des *Morceaux choisis de Hegel*, ainsi que *Le Matérialisme dialectique*.

14. « Ce n'est pas seulement pour l'Allemagne du XIXe siècle, c'est pour l'Europe tout entière, qu'il est vrai de dire que la philosophie s'est développée sous le signe de Hegel », Brunschvicg Léon, *Le Progrès de la conscience dans la philosophie occidentale*, t. II, Paris, Alcan, 1927, p. 39.

certains aspects ou certaines époques de la civilisation[15]. »
Pourtant, comment ne pas voir l'allure hégélienne des
fresques de Brunschvicg sur le progrès de la conscience,
sur la puissance de l'esprit, sur les étapes de la philosophie
mathématique, etc. ?
Professeur de philosophie à l'ENS et à la Sorbonne,
directeur de thèse très écouté de Cavaillès en dépit de
bifurcations futures, jouissant d'une grande autorité par
l'étendue de sa culture, défendant un « idéalisme critique »
conjoignant les résultats des sciences contemporaines et
la réflexion philosophique dans une théorie du jugement,
Brunschvicg, « dont la parole et la présence étaient
d'une extraordinaire séduction[16] », ne cesse de louer la
doctrine radicalement unitaire[17] de l'illustre critique du
dualisme cartésien[18]. De grands philosophes comme
Platon ou Kant sont passés au filtre d'un spinozisme
brunschvicgien affirmant la puissance de l'intelligence

---

15. *Ibid.*, p. 45.

16. Témoignage de Gilles-Gaston Granger, dans « Jean Cavaillès
ou la montée vers Spinoza », *Études philosophiques*, juillet-décembre,
1946-1947.

17. En accord avec une remarque de Pierre Macherey (*Hegel
ou Spinoza*, Paris, Maspero, 1979, p. 128), cet adjectif me semble
préférable à celui, traditionnellement utilisé, de moniste ; il indique
en effet l'*unification* d'aspects ou d'expressions différentes, tandis
que « moniste » signifie leur *réduction* à l'un d'entre eux, tenu pour
premier. Cependant, on peut parler de monisme dans la mesure
où Spinoza affirme l'unicité de la Substance unique, éternelle et
infinie, Dieu ou la Nature, qui est puissance d'exister et d'agir par
elle-même et dont découle nécessairement toute chose.

18. Brunschvicg publie en 1894 *Spinoza*, et en 1924 – Cavaillès
est entré à l'ENS en 1923 – *Spinoza et ses contemporains*, troisième
édition du précédent, enrichie de nombreux articles parus dans
diverses revues. Sur son idéalisme critique voir *Écrits philosophiques*,
t. II, Paris, PUF, 1954, p. 67 *sqq.*

humaine, une et intégrale, sans arrière-monde idéal ni
choses en soi inaccessibles. Comme Spinoza, Brunschvicg
récuse le clivage de la nature et de l'esprit, de la raison
et de l'expérience, de l'intelligible et du réel. Il y intègre
même un élément non vraiment présent dans le texte
original et indispensable pour la mettre en phase avec les
tendances nouvelles : *le mouvement historique*. Il interprète
l'idée* adéquate[19]* et l'idée de l'idée selon une perspective
génétique de *progrès* de la connaissance, de dynamisme
de l'intelligence, de développement immanent du savoir
rationnel dans le temps des civilisations. L'idée vraie n'est
plus immuable et indépendante du temps comme c'était
le cas chez Spinoza. Hegel est passé par là ! La théorie
spinoziste des trois genres de connaissance, de la perception
sensible de choses singulières, de la pensée discursive
et déductive, et de l'intuition rationnelle, est relue à la
lumière du concept hégélien de *développement** progressif

---

19. « Par idée adéquate, j'entends une idée, qui en tant qu'elle
est considérée en soi, sans relation à un objet, a toutes les propriétés
ou dénominations intrinsèques d'une idée vraie. Explication : je
dis "intrinsèques", afin d'exclure celle qui est extrinsèque, à savoir
la convenance de l'idée avec l'objet qu'elle représente », *Éthique*,
II, déf. 4. La vérité n'est pas correspondance d'une idée vraie à
son objet, elle est propriété interne de l'idée elle-même. Une idée
inadéquate ou fausse est partielle, lacunaire. Une idée adéquate est
complète, non en ce qu'elle nous donne la science exhaustive d'un
objet, mais en ce qu'elle n'omet rien de ce qui permet de connaître
cet objet par ses déterminations intrinsèques. La vérité de l'idée
vraie ne s'obtient pas par comparaison de l'idée à la chose dont elle
est l'idée mais comme conséquence du principe selon lequel l'ordre
et la connexion des idées sont identiques à l'ordre et à la connexion
des choses. « Comme la lumière se fait connaître elle-même et fait
connaître les ténèbres, la vérité est norme d'elle-même et du faux »,
Éthique, I, proposition 43.

REPÈRES : L'EFFORT, LA RIGUEUR, L'EXIGENCE   39

de la vérité. Et Brunschvicg d'expliquer la « dialectique spinoziste », préférable à la dialectique* hégélienne en ce qu'elle coïncide bien mieux avec le mouvement de pensée propre à la recherche scientifique et à la démonstration mathématique. La philosophie ne surplombe pas la science, elle en accompagne le mouvement. Cavaillès a baigné dans tout ce complexe d'idées.

On a bien tenu compte de la profession de foi spinoziste de Cavaillès. On en a souvent limité l'ancrage à la pensée théorique, trahissant à la fois Cavaillès et Spinoza dans une fidélité kantienne au dualisme de l'expérience et de la pensée et à la séparation de l'épistémologie (théorie de la connaissance) d'avec l'ontologie (théorie de l'être). Or pour Spinoza connaître est une affirmation d'être, et l'âme (*mens*) est l'idée du corps, en ce sens que l'idée est un mode de l'attribut pensée et que l'âme est sur le plan de la pensée ce qu'est le corps sur le plan de l'étendue. Absolument distincts, l'âme et le corps sont indissolublement unis. Absolument distincts car il n'y a pas d'interaction entre l'âme et le corps[20] ; absolument unis car ils sont deux faces d'un seul et même individu, conçu tantôt sous l'attribut de la pensée, tantôt sous l'attribut de l'étendue, lesquels sont déterminés selon le même ordre. Comme le souligne finement Pierre Macherey, l'identité d'ordre n'est pas l'identité entre deux ordres séparés[21]. Il n'y a donc aucun paradoxe ni aucun problème de l'union de l'âme et du corps, qui sont deux modalités, deux affirmations d'être corrélées l'une à l'autre comme l'essence est corrélée à

20. « Ni le corps ne peut déterminer l'âme à penser, ni l'âme le corps au mouvement ou au repos ou à quelque autre manière d'être que ce soit », *Éthique*, III, proposition 2.
21. *Op. cit.*, p. 135.

l'existence. Nous sommes corps *et* âme, simultanément
existence et essence, durée et éternité[22]. Que la dualité
n'implique nécessairement ni contradiction, ni opposition,
ni subordination est un apport absolument original et
extraordinairement fécond dont la pensée contemporaine
continue d'être irriguée, même en dehors de toute référence
explicite à Spinoza.

Cavaillès a constamment fait fond sur cet apport, même
si son Spinoza est plutôt proche du Spinoza dialectisé de
Brunschvicg, et se colore parfois d'une tonalité existentielle
étonnamment semblable à celle par laquelle Kierkegaard
a énergiquement protesté contre l'esprit de système et les
abstractions spéculatives de Hegel identifiant logique et
être. Du reste, bien des traits de la personnalité de Cavaillès
le rapprochent du penseur danois qui voulait réformer
Luther, et tous deux ont la fibre pascalienne : sensibilité au
paradoxe, union du doute et de la foi, hostilité (partagée
avec Spinoza) aux dogmes au nom d'une foi individuelle
concrète, pensée du risque, défi du danger, méditation et
pratique du pari. Des éléments de biographie attestent ce
rapprochement avec Kierkegaard. Une différence capitale
pourtant : le Danois est ennemi du rationalisme, ennemi
du mouvement de rationalisation du christianisme issu des
Lumières. Cavaillès, qui le trouve « intéressant », estime
cependant qu'il lui a manqué d'être mathématicien pour
ressembler vraiment à Pascal. Le vrai pascalien c'est lui,
Cavaillès ! Le vrai socle pour la communauté des hommes :
la raison.

---

22. « Tout ce que l'âme connaît sous l'aspect de l'éternité (*sub
specie aeternitatis*), elle le connaît non parce qu'elle conçoit l'existence
actuelle présente du corps, mais parce qu'elle conçoit l'essence du
corps sous l'aspect de l'éternité », *Éthique*, V, proposition 29.

Les lettres adressées à Étienne Borne, éditées à présent dans le numéro 107 de la revue *Philosophie* (automne 2010), attestent de la disposition spinoziste de Cavaillès dans ses réactions privées. Effectuant les manœuvres de son service militaire, Cavaillès écrit à son ami qu'il *est* son corps, « courbatures et coups de soleil conscients », et il se félicite en même temps de la relation affective établie avec ses compagnons ou subordonnés. Puis il précise que par « je suis mon corps » il signifie un mode de pensée spécifique et différent du mode discriminant habituellement désigné par l'intellect. Penser le corps est « un mode de vie spirituelle au sens large » : la « spiritualité » est ainsi plus vaste que l'intellectualité – écho au spiritualisme dont Brunschvicg entourait toutes les productions de l'esprit en miroir déformant du spinozisme. Attentif aux sensations, au sentiment, à l'émotion, Cavaillès ne se laisse cependant pas prendre aux mirages phénoménologico-existentialistes du pur vécu. Ressentir n'est pas une immersion dans le pur sentir, mais déjà sa prise en charge. Sens et sentiments ne sont pas en eux-mêmes des modes intellectuels, mais ils ne sont haïssables que lorsqu'ils sont abandonnés à eux-mêmes et que « vient à manquer en eux » l'amorce de leur intelligibilité. Or dans les motifs que chacun brode et projette sur l'image-de-son-corps (l'expression est de Cavaillès, qui n'écrit pas « idée-de-son-corps » mais bien « *image*-de-son-corps » et montre par l'usage des traits d'union l'actualisation opérée de Spinoza à la lumière de la phénoménologie husserlienne et de la psychanalyse[23]), dans ces motifs fantasmés il doit bien

23. En développant un intérêt théorique pour les sens et le corps, psychanalyse et phénoménologie ont retrouvé un aspect original de la pensée de Spinoza. Cependant il faut rappeler que Spinoza était nourri de philosophie antique et notamment de Sénèque, qui écrit, par exemple : « Il n'y a aucune séparation, aucune division. La raison et la passion, c'est la mutation de l'esprit dans le bon

y avoir autre chose qu'une rhapsodie aléatoire et indéfinie, autre chose que de la pure contingence insaisissable. Il doit bien y avoir quelque chose d'intelligible, c'est-à-dire quelque chose dont on peut déterminer les causes ou montrer les raisons[24]. Le sensible, qui n'est pas intelligible par lui-même, n'est pourtant pas un obstacle à l'intelligible. Réciproquement, l'intelligible n'est pas l'opposé du sensible et du sentir, mais de ce qui n'a, ou pour lequel on ne trouve, ni cause ni raison. L'intelligible n'est pas un donné séparé, statique, imperméable à ce qui n'est pas lui ; c'est l'effet d'une saisie dynamique, d'un effort, d'un acte qui porte les affects du corps au niveau des expressions de l'intellect. Entre sentir et penser le rapport n'est pas conflictuel parce que penser enveloppe le sentir. Cavaillès explique à Étienne Borne que la vieille opposition de l'âme et du corps tombe si l'on distingue le corps-sujet du corps-objet. C'est là une racine pour un thème que nous a rendu familier la phénoménologie du corps propre, celle de Maurice Merleau-Ponty[25] sans doute davantage que celle de Husserl.

sens et dans le mauvais », « La Colère », in *L'Homme apaisé (Colère et Clémence)*, trad. Chemla Claude, Paris, Arléa, 1990.

24. L'intelligible c'est ce que l'intellect peut saisir, « comprendre ». Dans le vocabulaire de Spinoza, *intelligere* c'est d'abord discerner, démêler, fonction spécifique de l'entendement, *intellectus*, qui est un mode de l'attribut « pensée », et, en deuxième sens, c'est comprendre. Connaître correspond exactement à *cognoscere*, utilisé pour caractériser les trois genres de connaissance ; on trouve cependant des expressions telles que *intelligere tertio cognitionis genere* – saisir ou comprendre par la connaissance du troisième genre – (*Éthique*, V, propositions 25, 32). *Mens* est généralement traduit par « âme », parfois par « esprit ».

25. *Phénoménologie de la perception*, Paris, Gallimard, 1945. On y retrouve l'idée de *corps conscient*, substituée à celle de *conscience du corps*.

Pour Cavaillès, le corps est la surface de contact entre le monde physique – le dehors – et la pensée de ce corps et du monde – le dedans –, une intériorité non pas ineffable mais expressive, non totalement opaque mais potentiellement intelligible. Mon corps m'inscrit dans le monde. Par lui l'âme est une partie de la nature. À travers lui un phénomène objectif comme le vent ou la pluie devient une sensation consciente, un noyau pour l'affirmation de soi. La pensée peut aussi bien penser le corps que les pensées, pensée du corps ou pensée de pensée. Le corps n'est pas à rejeter dans la non-pensée. C'est la non-pensée du corps qui est négation de la pensée. La réprobation moralisatrice des affects ne tient pas lieu de morale. Elle exclut au lieu d'intégrer, n'engendre que des affections négatives. Au lieu qu'il faut réorienter positivement la force des affections. La morale de Cavaillès tient beaucoup de l'*Éthique* de Spinoza. Avec une tonalité singulièrement moderne et existentielle – lors même que sa philosophie est antérieure et surtout étrangère à l'existentialisme français –, manifeste dans la lettre à Étienne Borne du 3 juillet 1930, présente aussi dans certains passages de son article sur le pari.

Le pari

Du pari Cavaillès écrit en effet que c'est un « saut *hors de*[26] l'expérience ». L'empirisme ne mène pas bien loin ! En deçà du pari on est englué, au ras des pâquerettes. Il faut parier, s'arracher du sol, sauter. L'image du saut vient de Kierkegaard, qui l'a empruntée à Pascal, mais elle est renversée, car l'auteur danois parle de « saut dans

26. Souligné par moi.

l'existence » comme d'un pari absurde, foncièrement irrationnel. Cavaillès, qui est un philosophe du paradoxe mais non de l'absurde (ni de l'angoisse, ni de la « crainte et tremblement »), rétablit le sens pascalien : le saut n'est pas contre la raison, mais avec elle et au-delà de ce qu'elle assure comme démontrable ou vérifiable. Il faut nécessairement choisir. Et le choix est un pari dont on ne peut jamais prévoir les conséquences ultimes. Balancer le pour et le contre, raisonner, calculer, c'est *tenter* de réduire le risque mais non le supprimer. Dans le langage de Pascal, parier c'est hasarder certainement pour gagner incertainement. Réussir à surmonter pratiquement l'incertitude ne comble pas pour autant la discontinuité de principe, le saut, qui est au creux du pari. Le pragmatisme n'a pas valeur d'explication ; ce n'est qu'une sanction *a posteriori* du succès, une justification aléatoire, ruinée en cas d'échec[27]. Le problème théorique demeure, qui est, selon Cavaillès, celui du rapport de la raison et du devenir, en d'autres termes celui de l'action pariant sur le succès malgré l'incertitude présente objective. « La confiance même qu'on aboutira est un pari, mais le seul raisonnable[28]. » Comme dit Pascal, quand on travaille pour demain on travaille pour l'incertain. On ne peut, avant d'entreprendre, avoir acquis la garantie du succès. Il faut risquer. Il faut trancher. L'audace, la décision, l'engagement : puissance de l'esprit, de la volonté et de l'espoir. Parier n'est pas insensé, mais, plus que de calcul, il y faut de la volonté et de l'espoir.

---

27. L'orientation anti-pragmatiste demeurera un des traits permanents de la pensée de Cavaillès. Elle réapparaît notamment dans *LTS* (p. 553), avec une critique de la conception instrumentaliste des mathématiques.

28. *CP*, p. 644.

Cet article sur le pari, réflexion sur la théorie des probabilités dont les « mathématiques modernes » étaient en train de poser les principes ensemblistes, est significatif à plus d'un titre. Je souligne ici qu'il articule calcul et décision, c'est-à-dire mathématiques et éthique. Gilles-Gaston Granger y a puisé l'idée de s'intéresser aux « objectivations structurales » des faits humains[29].

L'exigence

L'exigence : disposition éthique qui concerne autant la science que la vie. Comme chez Spinoza, la perspective éthique coordonne la fonction scientifique et la fonction pratique ou religieuse de la connaissance. Elle commande la rigueur, qui n'est pas le rigorisme. Philosophe, Cavaillès a pratiqué les mathématiques, cette école de rigueur, et a pensé les mathématiques selon leur propre nature rigoureuse. Il a discerné partout dans l'histoire des mathématiques l'exigence par laquelle une notion opérant dans un domaine déterminé appelle son élargissement à un domaine plus étendu. Le terme « exiger » revient sans cesse sous sa plume. Il l'a d'ailleurs trouvé dans les écrits du mathématicien Richard Dedekind, dont il a étudié les travaux et publié en 1937 la correspondance avec Georg Cantor. Dans un texte emblématique auquel Cavaillès se réfère fondamentalement : « Sur l'introduction de nouvelles fonctions en mathématiques », qui venait d'être édité en 1932 par Emmy Noether, Dedekind explique comment une opération, la soustraction des nombres entiers

---

29. *Pensée formelle et sciences de l'homme*, Paris, Aubier, 1960, p. 69-72.

par exemple, « exige », si elle doit porter sur un couple quelconque de nombres, mettons 3 et 7, l'introduction des nombres négatifs[30]. Il faut libérer l'opération de sa limitation première. L'explication est reprise par Cavaillès, qui parle aussi de l'exigence d'une définition numérique du continu géométrique[31], ou de « l'exigence d'un problème » qui commande l'apparition d'une nouvelle notion[32], ou « oblige à dépouiller une méthode d'accidents qu'aucune réflexion n'apercevait inutiles[33] ».

André Lalande, dans le *Vocabulaire de la philosophie*, édité originairement en fascicules dans le *Bulletin de la Société française de philosophie* entre 1902 et 1923, note que l'usage du terme « exigence » devient fréquent chez les philosophes français du début du XXᵉ siècle. D'un côté il est utilisé dans la perspective existentielle subjective, de l'autre il a une place dans la perspective rationaliste où il désigne une liaison de pensée rigoureusement déterminée mais distincte de l'implication logique.

Pour Cavaillès l'exigence est la manifestation d'une nécessité inhérente à une situation, qui appelle une action. En mathématiques, une difficulté, un problème, exigent d'être résolus. Et comme les efforts de solution peuvent occuper des générations et des siècles et engendrent forcément de nouveaux problèmes, annexes ou plus centraux, l'exigence est permanente. Elle est interne à

---

30. Le texte de Dedekind est aujourd'hui disponible en traduction française dans le volume *La Création des nombres*, Paris, Vrin, coll. Mathesis, 2008.

31. *MAF*, p. 61-63. Dedekind, en effet, est l'auteur d'une définition numérique du continu : « Continuité et nombres irrationnels », in *La Création des nombres*, *op. cit.*, p. 23-89.

32. *PM*, p. 600, 604.

33. *TAE*, Introduction, p. 226 ; *MF*, p. 662.

l'activité du mathématicien. L'attitude mathématique est par elle-même une disposition éthique, réglée sur la nécessité inscrite dans la recherche de solutions répondant aux données d'un problème et souvent les dépassant. La démonstration fournie par une solution substitue la *nécessité* à l'exigence et établit la connexité du résultat nouveau avec les anciens. Exigence, action, nécessité, cette triade explique l'ambition de Cavaillès de développer une « philosophie mathématique », et non pas une philosophie *des* mathématiques, réunissant en elle la rigueur de la science et la rectitude morale.

Nécessité et contingence

On a souvent tendance à croire la rigueur de la science infaillible, indiscutable, surtout lorsqu'il s'agit de mathématique ou de logique. Or d'un côté, à l'époque de Cavaillès, dans le premier tiers du XXe siècle, l'histoire des mathématiques semble troublée par l'intronisation de l'infini actuel* et par les antinomies de la théorie des ensembles. De plus, un maître de topologie, Brouwer, qui refuse l'infini actuel en mathématiques, remet aussi explicitement en question par son rejet de la loi du tiers exclu*[34] les fondements logiques du raisonnement mathématique classique. Ni l'analyse classique, si dominante au XIXe siècle, ni la jeune théorie des ensembles n'ont

---

34. Admettre le tiers exclu signifie que pour une proposition A donnée l'on peut toujours prouver A ou prouver sa négation $\neg A$, ou que la proposition A ou $\neg A$ (ou inclusif) est vraie. Aristote a introduit le tiers exclu comme conséquence de la loi de non-contradiction qui stipule qu'on ne peut avoir à la fois A et $\neg A$.

une validité absolument universelle. Il faut délimiter les conditions et les frontières de validité des énoncés les plus généralement admis sur les notions de limite, de continuité, d'infini. Ce n'est pas une question de fécondité, mais de principe, de philosophie, et qui engendre par surcroît de nouveaux concepts et techniques mathématiques (suites de choix*, déploiements* de suites de choix). De l'autre côté, la nouvelle logique mathématique de Frege, de Hilbert, de Russell, de Carnap, de Tarski, de Gödel, engendre des discussions où, ayant perdu son caractère immédiat, le rapport du langage mathématique à son contenu montre diverses facettes entre déduction et intuition. Des deux côtés, mathématique et logique, l'unité est ébranlée. Et la diversité conduit à s'interroger sur la nécessité. La rigueur des démonstrations mathématiques semblait assurer régressivement la nécessité de leurs principes. Et voilà qu'après la querelle des infiniment petits au XVIIIe siècle, des géométries non euclidiennes* au XIXe siècle, des divisions séparent les défenseurs de l'infini actuel (le paradis de Cantor, de Dedekind et de Hilbert) et les tenants de l'infini potentiel*, qui est l'infini dénombrable de la suite des entiers (Kronecker, Poincaré, Borel, Brouwer, etc.). La dispute est âpre entre « classiques » et intuitionnistes, c'est-à-dire entre partisans et adversaires de l'application sans limite de la loi logique du tiers exclu dans les raisonnements mathématiques, notamment ceux qui enveloppent la notion d'infini : les séries*, les fonctions asymptotiques, les ensembles, etc. Les intuitionnistes remplacent les opérations sur les totalités actuellement infinies par des opérations sur le processus d'engendrement de suites infinies. Le caractère progressif des suites est préféré au caractère actuel des ensembles ou totalités, le potentiel préféré à l'être, les méthodes constructives, qui fournissent un procédé de construction d'entités déterminées, préférées aux méthodes dites abstraites* qui établissent par un raisonnement par l'absurde* (lequel repose sur le tiers exclu) l'existence d'entités dont aucun échantillon n'est exhibé.

Par son étude de l'histoire de la théorie des ensembles, de la méthode axiomatique et de la moisson de résultats logiques qui ont suivi l'*Idéographie* de Frege (1879)[35], Cavaillès connaît sur ces débats plus de détails qu'il n'est possible d'en rapporter ici. À propos de la théorie des ensembles de Dedekind et de Cantor il pose la question suivante : son apparition est-elle un produit nécessaire du développement mathématique ? Et si, guidée par la possibilité effective de l'accepter comme de la rejeter, la réponse était négative, la contingence de son apparition se doublerait-elle d'une contingence du système même de la théorie ? Il y a deux questions : 1) la théorie des ensembles aurait-elle pu ne pas voir le jour ? 2) la forme usuelle de la théorie est-elle la seule concevable ou la seule possible[36] ? La réponse à cette deuxième question étant négative comme l'a montré Brouwer, surgit un troisième ensemble de questions : la mathématique intuitionniste menace-t-elle de caducité la mathématique classique ? Celle-ci n'est-elle qu'un stade dépassé du développement mathématique ? Ou bien faut-il reconnaître la coexistence de deux mathématiques différentes et a-t-on le choix entre l'une et l'autre manière de penser et de démontrer ? Et si vraiment on a le choix – comme l'histoire ultérieure

35. La *Begriffsschrift* établit un langage formalisé capable d'exprimer, sans le secours d'aucune intuition sensible, *a priori*, la chaîne des inférences logiques entre pensées ou contenus conceptuels. Elle fut la base de l'essor de la logique mathématique moderne.
36. *TAE*, Introduction, p. 227.

l'attestera –, alors l'idée de nécessité interne refermée sur
les mathématiques classiques s'en trouve ébranlée. Le sens
classique de notions comme celle de continuité ne serait-il
vraiment que le résultat de la « convergence accidentelle de
malentendus[37] » ? Les procédures mathématiques auraient-
elles perdu leur caractère supposé apodictique et universel ?
La mathématique aurait-elle perdu son unité ?

Nécessité ou contingence, la question est philosophique
et capitale. L'époque classique, avec Spinoza, Leibniz ou
Bolzano par exemple, répondait à la question en modelant
sur la nécessité mathématique la nécessité ontologique,
considérée soit comme absolue et immanente (le Dieu de
Spinoza) soit comme cause transcendante, ou première
ou finale, du cosmos. Cavaillès doit s'interroger sur la
mathématique même. C'est sans doute à la fois comme
modèle de rigueur et comme terrain rigoureux d'examen
d'une question philosophique que Cavaillès aborde l'étude
de *la* mathématique, comme il persiste à l'écrire en dépit
de la pluralité des disciplines, et des options dans ces
disciplines pour ou contre l'infini actuel, pour ou contre
le tiers exclu. Dans le fond, c'est par un autre biais la
question du pari, ou plutôt du choix dans le pari. Dans
la vie, il faut choisir, sous peine d'apraxie, de suspension
de l'action. Le choix est une rupture de continuité. Dans
les mathématiques aussi. Et, nous le verrons plus loin,
dans les mathématiques, comme dans la vie, il n'y a qu'un
impératif : continuer, persister ! Et chose remarquable cette
devise coïncide avec la doctrine de Brouwer qui mettait
en question certaines procédures de la mathématique
classique, vieille de deux mille ans : « La mathématique est

---

37. *MAF*, p. 551.

plus une action qu'une doctrine[38]. » Mais pour Cavaillès elle vaut mieux encore pour la mathématique classique réformée par l'axiomatique. L'axiomatisation en effet rend compte des ruptures, du surgissement de concepts dérivés mais non déterminés par des concepts antérieurs, ce que la progression ininterrompue, qui va pour Brouwer de l'intuition primordiale de la dyade[39] jusqu'aux intuitions les plus récentes, ne fait pas. Le problème de Cavaillès est de trouver comment allier la rupture véritable, le « changement d'univers » comme il dit, avec la nécessité interne par laquelle de l'univers ancien sort un univers nouveau. Ou encore la nécessité mathématique est-elle celle-là même qui est « en nous et hors de nous[40] », c'est-à-dire la nécessité naturelle telle que Spinoza l'a conçue ?

Cette question a réellement préoccupé Cavaillès, toujours en référence au système de Spinoza mais non entièrement en accord avec lui. S'il la pose et la repose, c'est qu'il n'est pas totalement convaincu que le hasard ou la contingence ne sont que le signe de notre ignorance ou d'une connaissance incomplète. Et surtout il conçoit la rationalité comme différente de la nécessité logique et différente de la causalité physique. Nous y reviendrons en abordant le problème

38. Citée dans *MAF*, p. 42. Cette formule est attribuée à Brouwer par Hermann Weyl dans son article « Über die neue Grundlagenkrise der Mathematik », trad. Largeault Jean, *Intuitionnisme et théorie de la démonstration*, Paris, Vrin, coll. Mathesis, 1992.

39. Pour Brouwer, le phénomène fondamental de l'intellect humain est la distinction introduite par le temps dans la perception du vécu ; vidé de son contenu émotionnel ce phénomène explique l'intuition originaire des mathématiques, qui est l'intuition de la dyade, dissociation temporelle de l'unité engendrant le deux, et à partir du deux tous les nombres entiers positifs.

40. Lettre à Albert Lautman du 13 juin 1936, *LAB*, p. 120-121.

philosophique de l'histoire au chapitre VI, puis l'affirmation du devenir conceptuel des mathématiques au chapitre VII. Mais d'ores et déjà nous avons pu montrer l'étroite union des trois pôles principaux de la pensée de Cavaillès : éthique, mathématique, philosophie, ainsi que l'étonnante diversité de ses sources. Cette double caractéristique se retrouve dans le traitement par Cavaillès de toute question.

L'oubli de soi

Il y a dans l'effort intellectuel du mathématicien, dans la réflexion critique du philosophe, dans la sensibilité artistique, dans le sentiment religieux, dans l'action militante, un désintéressement, un détachement et un oubli de soi. Le lien transversal ne semble d'abord pas total aux yeux de Cavaillès. En effet, Gabrielle Ferrières fait état dans son livre de la distinction nette que fit, un temps, son frère entre la théorie de la connaissance, qui résulte des conditions nécessaires imposées à tout entendement fini, et la pensée spéculative ou pratique, qui est « un mouvement dont l'intuition intérieure peut, seule, connaître le rythme et la direction et dont, par suite, on ne peut jamais parler que comme d'une œuvre d'art[41] ». C'était dans le droit fil de la perspective kantienne, point de départ auquel Cavaillès revenait chaque fois avant de marquer comment il s'en éloignait : ainsi dans *MAF*, dans *PM*, dans *TC* et dans *LTS*.

41. Lettre de Cavaillès à son père, 1928 : Cavaillès a vingt-quatre ans, il a déjà effectué un premier séjour à Berlin et rentre en France pour ses obligations comme officier de réserve ; il relate à son père quelques réflexions mises en ordre pour son article destiné à la revue *Foi et Vie*.

Cette notation de jeunesse indique une séparation entre d'une part la connaissance et d'autre part le sentiment du sublime et le sentiment moral et religieux, liés l'un à l'autre. Séparation soulignée par Cavaillès à d'autres occasions, et qui fonde certaines interprétations unilatérales de sa pensée. Du reste, pour présenter celle-ci, généralement ou on ne parle pas de sa facette religieuse (Canguilhem, Lucie Aubrac), ou si on en parle, on la sépare radicalement de la facette philosophique. Ainsi, dans une commémoration religieuse d'après-guerre, et après avoir fait aveu d'ignorance eu égard aux convictions intimes de Cavaillès, qui en effet n'était pas homme à les mettre sur la place publique, Paul Ricœur juge que l'absence de rapport entre philosophie et foi fut un élément fondamental de la position philosophique de Cavaillès. Or s'il y a séparation, il n'y a pas absence de rapport ni clivage. Distinguer : oui ! Opposer ou exclure : non ! C'est que l'exercice de la raison est souverain et ne saurait s'abdiquer dans la croyance, dont l'objet relève d'un autre registre que celui de la connaissance. Dès le début des années 1930, dans les lettres à Étienne Borne, mais aussi plus tard, il apparaît clairement que Cavaillès appréhende *de la même manière* la foi, l'art, la science. Chacun de ces registres témoigne selon lui d'un effort à consentir et d'un chemin à trouver. Le chemin passe par le travail, l'abnégation, l'oubli de soi, la « soumission à la rigueur », et va vers la lumière de l'intelligible. Et l'intelligible, ce qui *doit* être, c'est Dieu, l'art, le monde, et la science.

La musique particulièrement éloigne du moi et rapproche de Dieu par « la soumission à un rythme nécessaire ». Le rythme nécessaire c'est « l'essence même du divin ». Mais le divin est présent aussi dans la raison pure, dans le concept★.

Cette élévation du concept au divin ou cet investissement de Dieu dans le concept porte la marque explicite de Spinoza. Dans le but d'affirmer la valeur absolue du rationnel, Cavaillès écrit en effet : « Il y a là du divin même dans le concept, du moins dans le passage d'un concept à un autre et c'est là la véritable ontologie spinoziste, incomplète, mais dans ce qu'elle affirme définitive[42]. » Ce qui est d'ordre divin ce n'est pas le concept en tant que tel, mais le passage d'un concept à un autre, c'est-à-dire la puissance d'action du concept qui exprime une action de l'âme.

Mais il est évidemment un autre philosophe qui a centré sa réflexion sur le mouvement du concept et donné un statut pleinement positif à la notion de passage, dépréciée dans la perspective traditionnelle des essences fixes et inertes : Hegel, qui recommandait de ne pas s'immiscer dans le « rythme immanent des concepts[43] ». Le passage est ce par quoi s'affirme la nécessité de la progression dialectique.

Hegel, Cavaillès l'a médité, sinon totalement suivi. Il ne pouvait en être autrement pour un disciple de Brunschvicg, qui écrivait en 1927 : « Ce n'est pas seulement pour l'Allemagne du XIXᵉ siècle, c'est pour l'Europe tout entière, qu'il est vrai de dire que la philosophie s'est développée sous le signe de Hegel[44]. » Entre 1933 et 1939 Alexandre Kojève expliquait *La Phénoménologie de l'esprit* à l'École pratique des hautes études. Ses leçons ont marqué une génération d'intellectuels, parmi lesquels Maurice

---

42. Lettre à Étienne Borne du 7 octobre 1930.

43. *Phénoménologie de l'esprit*, ci-après *PE*, trad. Bourgeois Bernard, Paris, Vrin, 2006, p. 101 (le terme « rythme » revient souvent sous la plume de Hegel).

44. *Le Progrès de la conscience dans la philosophie occidentale*, *op. cit.*, t. II, p. 39.

Merleau-Ponty, Jean Hyppolite, Jean-Toussaint Desanti, Raymond Aron, Raymond Queneau, Georges Bataille, Jean-Paul Sartre, Michel Leiris, Jacques Lacan. Cavaillès n'en fait pas partie. Probablement est-il plus intéressé par la logique que par l'anthropologie dialectique du maître et de l'esclave. Probablement est-il plus enclin à suivre Brunschvicg dans sa défiance à l'égard de Hegel qu'à accepter le verdict de Kojève sur l'« absurdité absolue » du spinozisme, philosophie écrite du point de vue de Dieu[45]. De toute façon, Cavaillès connaît directement dans le texte la philosophie allemande et ne peut évidemment ignorer Hegel, sur qui il a fait à l'ENS un cours (qui n'a pas été conservé). Et bien entendu, la philosophie du concept qu'il propose dans son ouvrage posthume porte indéniablement l'empreinte de Hegel, comme Cavaillès en aurait fait l'aveu à Jules Vuillemin, qui en a fait publiquement état. Du reste, Cavaillès témoigne lui-même contre les interprétations qui ignorent ou minorent le poids de sa méditation de la logique hégélienne : durant son incarcération à Montpellier en 1942, alors qu'il travaillait à son testament philosophique, Cavaillès demande au pasteur venu s'entretenir avec lui de lui apporter le Nouveau Testament et la *Logique* de Hegel. La Révélation et la logique conjointement pour trouver ce que Cavaillès appelle le « noyau essentiel » de l'intelligible.

Dans l'article posthume, publié en 1949, « Mathématique et formalisme » (*MF*), Cavaillès évoque le « rythme nécessaire » du développement mathématique, utilisant la même expression qui lui avait servi à conjoindre Dieu et la musique. Et à Raymond Aron à Londres, il déclare :

---

45. Pour Kojève tout l'effort de Hegel consiste à créer un système spinoziste du point de vue d'un homme vivant dans un monde historique.

« Nous sommes en tout menés. Menés mais non contraints et forcés, menés comme par la lumière. » L'image de la lumière renvoie sans doute à la Révélation, cependant pour Cavaillès elle n'implique pas passivité de la vision, mais activité de la raison. La clarté est par définition fille de la raison, la raison active comme elle l'est chez Spinoza, Kant ou Hegel. Il n'est pas besoin d'importer dans la philosophie l'illumination divine, car il y a du divin dans la puissance conceptuelle, et la philosophie « ne travaille que dans la lumière, à partir d'elle ». Il n'y a pas deux sortes de lumière, car il n'y a pas deux sortes d'intelligible, le divin et le rationnel, mais un seul, approché par les voies parallèles ou convergentes de la religion, de la morale, de l'action, de l'art, de la philosophie, de la mathématique. L'intelligible s'affirme lui-même du dedans : Dieu est immanent au monde, la raison est immanente à ses produits.

C'est donc bien à une corrélation forte de la connaissance de Dieu[46], des mathématiques, de la musique, de la philosophie, de l'action, que procède Cavaillès. Corrélation mais non amalgame. Les voies de l'expérience sont certes distinctes et l'objectif un : reconnaître, suivre, devancer la nécessité naturelle, artistique, divine, mathématique, et l'oubli de soi est l'attitude d'accueil de la nécessité. Il ne faut jamais perdre de vue la dimension multilinéaire de la pensée non réductrice de Cavaillès. L'unité vient d'une semblable ordonnance rationnelle, mais elle n'est pas donnée d'avance. Pas plus qu'il n'y a de finalité du monde, il n'y a d'harmonie préétablie par un dessein originel ou providentiel, mais seulement un effort de libération des contingences extrinsèques. Mathématique, art, religion,

---

46. Le Dieu de Cavaillès est certainement proche de celui de Spinoza, qui se confond avec l'ordre nécessaire de la nature.

philosophie, action, sont sous l'autorité d'un même régime de nécessité, la nécessité de raison, qui n'a cependant rien d'un mécanisme et déborde le calculable et le prévisible.

La liberté

Les paragraphes précédents traitaient de l'effort, de l'exigence, de la rigueur, de l'oubli de soi, et rencontraient partout la nécessité, nécessité naturelle, divine, artistique, morale et scientifique. Néanmoins l'analyse du pari a montré le saut de la pensée hors de l'expérience. Dans cette rupture raisonnée et risquée se loge la liberté. Sans risque, la liberté sonne creux. Le risque est à la mesure de la part d'indétermination qui accompagne toute décision, toute initiative, toute aventure. L'acte libre couronne une exigence intérieure ; il est en continuité avec elle et marque un hiatus dans le cours des choses. Mais qu'en est-il alors de la nécessité ? A-t-on une brisure de nécessité comme l'on dit en physique qu'il y a, dans certaines conditions, brisure de symétrie ? La liberté interrompt-elle le cours de la nécessité ?

Opposer la liberté à la nécessité, c'est entendre par liberté le libre arbitre, c'est-à-dire le pouvoir de choisir absolument une chose ou son contraire. Or, pour Cavaillès, la libre décision est corrélative de l'exigence éthique, ce qui signifie que l'action ne peut être qu'en vue du juste et du bien. Le libre arbitre est l'objet d'une croyance ou d'une hypothèse métaphysique dont l'avantage est d'engager la responsabilité humaine dans l'existence du mal. Or la question de Cavaillès n'est pas « comment expliquer le mal ? », mais « comment expliquer l'irrationnel ? », ou encore « comment dominer le contingent ? ». Irrationnel et contingent vont de pair, car, comme l'écrit Spinoza dans l'*Éthique* (II, 44), « il n'est pas dans la nature de la raison de regarder les choses comme contingentes, mais comme nécessaires ». Mais dans le monde humain, historique, il y a du contingent et de l'irrationnel, l'irrationalité des choses opposée ou exposée à la rationalité de la pensée.

Nous sommes en tout menés, mais ni contraints ni forcés, dit Cavaillès à Raymond Aron. Le contraire de la liberté n'est pas la nécessité, mais la contrainte, la force qui réduit brutalement à l'obéissance formelle, de surface, ou asservit insidieusement la pensée, qui devient captive à son insu. C'est un écho à la définition de Spinoza : « J'appelle libre une chose qui existe par la seule nécessité de sa nature et se détermine par soi seule à agir ; contrainte, celle qui est déterminée par une autre à exister et à agir d'une certaine façon déterminée. Dieu, par exemple, existe librement (quoique nécessairement) parce qu'il existe par la seule nécessité de sa nature. » Librement quoique nécessairement.

L'originalité de Spinoza dans l'histoire de la philosophie est de faire de la nécessité un élément de la définition de la liberté, ainsi distinguée du libre décret[47]. Le libre arbitre c'est le pouvoir de choisir : faire ou ne pas faire ce que l'on veut. La liberté c'est pouvoir faire ce que l'on se détermine par soi-même à faire, c'est non pas simplement choisir, mais être maître de son choix. La liberté n'est pas la négation de tout déterminisme, c'est l'autodétermination d'un être autonome. C'est la nécessité interne, l'autonécessité. Hegel retiendra la leçon en concevant comme liberté la nécessité dialectique.

---

47. « À mes yeux la liberté n'est point dans un libre décret, mais dans une libre nécessité », Spinoza, lettre LVIII à Schuller, 1674, http://www.spinozaetnous.org/telechargement/Lettres.pdf, p. 59-60.

L'*Éthique* de Spinoza tend, contre Descartes, à disjoindre liberté et volonté : « Il n'y a dans l'âme aucune volonté absolue ou libre. » Mais il y a le *conatus*, l'effort. La volonté n'est que l'autre nom de l'effort de connaissance de l'âme. La liberté c'est la *libération* de l'illusion de liberté engendrée et alimentée par l'ignorance de la nécessité. Être libre c'est d'abord connaître la nécessité. La libération est un effort d'autonomie, une réduction d'hétéronomie. L'homme n'est pas *radicalement libre*, mais il peut devenir *plus* libre, en s'efforçant de réaliser la plénitude de son être, qui consiste en la connaissance[48]. La liberté n'est pas une donnée ou une condition métaphysique transcendant le déterminisme des causes naturelles. Elle affleure dans le déterminisme même. C'est une action rationnelle, qui consent au déterminisme régissant la nature et nous-mêmes en tant qu'êtres de la nature. Une action qui ne recule pas devant le saut nécessaire de la pensée défiant les contingences dramatiques et déjouant la fatalité. La nécessité n'invite pas au fatalisme ; le fataliste croit à la nécessité des événements, le rationaliste croit à la nécessité des enchaînements. L'action déclenche des enchaînements qui n'auraient pas eu lieu sans elle. C'est pourquoi la nécessité est contraire non pas à la liberté humaine mais à la contingence aussi bien qu'à la fatalité des événements du monde, de l'histoire, laquelle n'est pas ordonnée par une fin. Autant qu'elle insère l'acteur dans les chaînes du déterminisme, l'action surmonte et suspend la contingence. La libre nécessité de Spinoza, telle que comprise par Cavaillès, c'est l'agir ancré dans une situation, en rapport

---

48. « Je déclare, écrit Spinoza, l'homme d'autant plus en possession d'une pleine liberté, qu'il se laisse guider par la raison. » (*Traité théologico-politique*, http://hyperspinoza.caute.lautre.net.)

avec les données et les événements du monde (la guerre, l'occupation, etc.), et autodéterminé par l'exigence éthique interne. Un agir qui surgit d'un enchevêtrement de causes et de raisons. L'ordre des raisons prend appui sur l'ordre des causes. L'ordre des raisons est le terrain même de la liberté, car c'est un ordre de causalité interne, une causalité non mécanique. La connaissance des liens nécessaires entre les choses nous permet de ne pas les subir et même d'agir sur elles. La liberté a besoin de la connaissance mais ne se réduit pas à elle. Elle ne s'explique pas, parce qu'elle ne se réduit pas à des causes externes ; elle ne se démontre pas non plus ni ne s'argumente. Elle *s'éprouve* dans le concret, et suppose lucidité, intelligence en acte, choix raisonné (choix « éclairé » dit-on aujourd'hui) et autonome. Elle est engagement dans une situation du monde. Non pas retrait dans sa tour d'ivoire ou magnification de l'ego mais plongée dans le cours tempétueux du monde.

III

La philosophie

La difficulté de la philosophie de Cavaillès vient de ce qu'elle pratique une contre-épreuve permanente des concepts philosophiques par les concepts proprement mathématiques constitués dans une pratique souvent déliée de principes philosophiques contraignants, une justification éventuelle n'étant jamais donnée qu'après coup, de manière externe, et vice versa une contre-épreuve des concepts mathématiques techniques par leur possible intégration dans une perspective philosophique unitaire quoique résultant de son côté d'une histoire propre.

La philosophie de Cavaillès n'est pas un système, non plus que celle de ses contemporains, Bachelard ou Canguilhem, également convaincus par Brunschvicg de « la mauvaise alliance entre philosophie et système ». Elle se déploie en thèmes, repris et épurés ou amplifiés, comme une musique, comme une méditation sans cesse reprise et infléchie dans ses principes et son orientation.

Philosopher c'est comprendre

Pour Cavaillès la tâche du philosophe c'est de comprendre. Qu'est-ce que comprendre ? Est-ce la même chose que penser ? Est-ce différent de connaître ?

Cavaillès a dit à plusieurs reprises avoir cherché sa voie en partant de Kant. Rappelons donc que pour Kant, penser est le pouvoir propre de l'entendement* (*Verstand*) ; connaître suppose la liaison possible de la pensée à l'intuition empirique par laquelle est donné un objet de la nature : les concepts et catégories de l'entendement ne servent alors qu'à la possibilité de la connaissance empirique ou expérience. Comprendre se subdivise donc en « *begreifen* », qui est concevoir quelque chose par la seule raison ou par les seuls concepts (*Begriffe*) *a priori* sans en appeler aux objets de l'expérience possible, et « *verstehen* », qui est « entendre quelque chose dans le divers de l'intuition » grâce aux concepts et catégories de l'entendement. Le champ du *verstehen* est celui de l'entendement ou pouvoir de règles, le champ du *begreifen* est celui de la raison (*Vernunft*) ou « pouvoir d'amener à l'unité sous des principes les règles de l'entendement[1] ». La distinction entre entendement et raison se trouvait aussi chez Spinoza (*intellectus/ratio*) et se retrouvera chez Hegel sous la forme non d'une opposition, mais d'une intégration du discursif dans le rationnel.

---

1. Voir Eisler Rudolf, *Kant-Lexikon*, trad. Balmès Anne-Dominique et Osmo Pierre, Paris, Gallimard, 1994, p. 166-167.

Avec l'œuvre de Wilhelm Dilthey (1833-1911) apparaît cependant une distinction épistémologique qui eut une importante postérité et continue aujourd'hui de charpenter la théorie en sciences humaines. Dilthey différencie l'explication (*Erklären*), mise en évidence des causes et des effets, typique des sciences de la nature, de la compréhension (*Verstehen*), processus d'appréhension d'un « objet » propre aux sciences de l'esprit (*Geisteswissenschaften*), c'est-à-dire les sciences humaines ou sociales (psychologie, sociologie, anthropologie, droit, philologie, critique littéraire)[2]. La ligne de démarcation est constituée par l'*historicité* des objets du deuxième type de savoir. Dilthey doit à Hegel la prise en compte de la dimension historique de la pensée. Mais il retient de Kant le rejet de la spéculation métaphysique et veut prolonger l'entreprise *critique* aux sciences de l'esprit, dont il s'agit de définir et de délimiter l'objectivité. Son *Introduction aux sciences de l'esprit* se présente comme une « critique de la raison historique », visant à établir les *lois* spécifiques des faits sociaux, intellectuels et moraux de systèmes culturels ou organisations sociales déterminés. Il s'agissait d'échapper à la fois à l'apriorisme de la raison et à l'empirisme de l'histoire. Cavaillès se propose aussi cette double contrainte, marque non pas d'une supposée influence de Dilthey sur lui, mais marque de la tâche de la philosophie après Kant et après Hegel.

---

2. Dilthey est notamment l'auteur de *Einleitung in die Geisteswissenschaften* (traduction MESURE Sylvie : *Critique de la raison historique. Introduction aux sciences de l'esprit et autres textes*, Paris, Éditions du Cerf, 1992), Leipzig, Duncker & Humblot, 1883, réédition Teubner, Leipzig et Berlin, 1922 ; *Der Aufbau der Geschichtlichen Welt in den Geisteswissenschaften*, 1910 (traduction MESURE Sylvie : *L'Édification du monde historique dans les sciences de l'esprit*, Paris, Éditions du Cerf, 1988), *Die Typen der Weltanschauung*, 1919 (*Les Types de visions du monde*).

Du point de vue méthodique, l'explication engage, selon Dilthey, un processus purement intellectuel, tandis que la compréhension mobilise toutes les capacités de l'esprit s'appliquant à interpréter les productions par lesquelles il s'objective dans la profondeur et la richesse du vécu. Il y a une certaine correspondance entre l'historicité de l'objet à appréhender et la méthode d'appréhension, dans une circularité qui met hors jeu la représentation de l'objet par un sujet. Le savoir de l'histoire est l'histoire elle-même. Retenons cette formule d'inspiration hégélienne, car elle permettra de comprendre le statut fondateur que Cavaillès accorde à la « méthode historique », par opposition à la méthode logique (de Frege et des logicistes) et, plus généralement à la tradition séculaire de la connaissance comme représentation. Dilthey valorise l'expérience historique non seulement comme *une* voie du connaître, mais comme la voie vraiment humaine de la connaissance de la vérité, par opposition à la prétention de vérité absolue de la métaphysique traditionnelle, à l'apriorisme kantien, au positivisme scientifique ainsi qu'à la subjectivité individuelle de l'introspection. Par ailleurs, sous l'effet des *Recherches logiques* de Husserl, publiées en 1900-1901, Dilthey donne une nouvelle direction à son intérêt ancien pour la méthode herméneutique, dont il fait l'outil d'une analyse structurale des systèmes historiques produisant du sens ou de la valeur. Comprendre c'est interpréter selon différents niveaux et différentes sortes de contextes. Le but est de mettre en évidence des formations temporelles stables montrant des relations systémiques indicatrices d'un sens objectif. Comprendre le sens est un type de connaissance non *a priori* et non empirique, qui tend à mettre en relation la pure cognition avec des valeurs et des desseins. Comprendre c'est saisir ou (re)créer des relations *internes*, dont l'ensemble manifeste une certaine cohérence ou une certaine identité, quand expliquer établit une relation externe et segmentaire de cause à effet.

Dilthey a ainsi lancé la réflexion philosophique sur de nombreux thèmes qui constituent encore notre modernité. J'ai donné un bref aperçu de ces thèmes, car ils se sont pour la plupart aujourd'hui fondus dans des manières de voir si communes que l'on n'y reconnaît pas toujours le premier cachet de leur auteur.

S'il ne trouve sans doute pas son origine dans l'œuvre de Dilthey, une des références de la sociologie de Célestin Bouglé, qui dirigeait le Centre de documentation sociale de l'ENS dont Cavaillès assura le secrétariat, le thème du comprendre structure la pensée de Cavaillès. Comprendre n'est pas réservé aux sciences humaines et concerne aussi bien les mathématiques. Mais comprendre n'est pas entendre (*verstehen*), et cela ni au sens de Kant : appréhension des objets de l'expérience sensible, ni au sens de Dilthey : appréhension des objets culturels. En un sens, comprendre, pour Cavaillès, c'est le *begreifen* kantien, qui concerne exclusivement la raison pure et ses produits, et la philosophie est bien une connaissance rationnelle, c'est-à-dire une connaissance *à partir de* et *par* concepts, selon la définition de Kant. Mais pour Cavaillès la connaissance rationnelle est *une*, comme chez Spinoza, et la division kantienne entre connaissance philosophique (connaissance par concepts, purement discursive) et connaissance mathématique (connaissance intuitive qui procède par « construction de concepts » dans l'intuition pure, telle la construction des concepts de la géométrie dans l'espace) n'est pas retenue. L'intuition (pure) ne fait pas le partage entre mathématiques et philosophie, mais sans doute, comme chez Spinoza, entre raison et entendement.

L'essence de la raison (l'âme au sens de Spinoza) est de comprendre, saisir synthétiquement ce que l'entendement discerne, distingue[3]. D'où le rôle joué par ce que Cavaillès appelle, dans ses premiers écrits, l'« intuition centrale » d'une théorie.

Définir « philosopher » par « comprendre », tout en détournant le sens moderne de ce dernier terme et en récusant le rapprochement entre philosophie et sciences humaines, bâties sur les faits et leur récit, fut une des lignes de force de la pensée de Cavaillès. Au rebours de l'air herméneutique de son temps, véhiculé par la psychanalyse, les sciences sociales, la philosophie du *Dasein* et les existentialismes, Cavaillès laisse totalement de côté l'interprétation, outil d'une attitude herméneutique renouvelée dans la naissance, au début du XXe siècle, des sciences humaines – qui ne sont pas l'objet de sa réflexion – et fondée dans une théorie du dévoilement de la vérité étrangère (ou préalable) à la raison scientifique (Heidegger) et parente de l'exégèse religieuse de la révélation et du témoignage (P. Ricœur). Il réserve spécifiquement la compréhension à la philosophie, en la distinguant de la description et du récit, dont se contentent selon lui les sciences humaines et la théologie ordinaire. Si bien que le diptyque sciences exactes ou expérimentales/sciences humaines livré par Dilthey devient un triptyque, philosopher étant une troisième voie et même la voie royale. Décrire est une reconnaissance de l'extérieur[4]. Philosopher n'est

3. La distinction spinoziste entre l'âme (*mens*) et l'entendement (*intellectus*) est une distinction de raison, qui ne correspond pas à une partition réelle. De même chez Hegel la raison comprend dans sa totalité différenciée ce que l'entendement dissèque en éléments rendus extérieurs les uns aux autres.
4. Lettre à Étienne Borne du 7 octobre 1930.

ni décrire ni témoigner, c'est comprendre du dedans[5] mais sans que la compréhension ait pour indissociable alliée l'interprétation, comme c'est le cas chez Dilthey, puis chez Heidegger. « Comprendre du dedans » ne renvoie pas à une intériorité subjective ; c'est au contraire aller vers ce qui est tel qu'il est nécessairement, traverser l'écran de la subjectivité pour atteindre ou accueillir la manifestation de l'objectivité telle qu'elle apparaît en son essence dans une « intuition centrale ». Comprendre quelque chose du dedans c'est selon Spinoza en comprendre l'essence, la nécessité interne ; comprendre du dedans est, en ce qui concerne les mathématiques, exigé par l'autonomie de la science par rapport à la conscience.

Cavaillès revivifie donc une approche spinoziste de la compréhension, qu'il égale à la connaissance rationnelle, ou connaissance du troisième genre dans la hiérarchie spinoziste : comprendre c'est « connaître parfaitement »[6].

---

5. Lettre à Étienne Borne du 26 novembre 1930 : « On peut bien renoncer à comprendre, donc à la philosophie, se borner au "récit" théologique, développement de la révélation. » Aussi l'histoire des mathématiques est-elle tout autre chose qu'un récit, l'histoire est la matière pour une épistémologie du dedans. Cet aspect de la pensée de Cavaillès a été développé par Desanti Jean-Toussaint (1914-2002), *Les Idéalités mathématiques*, Paris, Seuil, 1968, Avant-propos.

6. Granger Gilles-Gaston (1920-), disciple de Cavaillès, a également argumenté pour faire du comprendre l'objet et le but de la philosophie. Mais il a dévié de la ligne spinoziste en disjoignant la connaissance, qui selon lui est le propre des sciences, de la compréhension, qui définit la philosophie. Et son intérêt pour la diversité des procédures d'investigation utilisées dans les sciences humaines n'a pas exclu l'interprétation ; bien au contraire Granger en fait le propre du philosopher aussi bien sur les objets de science exacte ou empirique que sur les choses de la vie. C'est un des fils conducteurs de son épistémologie comparative, essentiellement vouée à mettre en évidence, *à différents niveaux de profondeur*, les aspects

Connaître est le propre de l'entendement qui avance degré par degré[7], comprendre le propre de la raison qui embrasse le tout, saisit immédiatement l'intelligible « avec les yeux de l'âme ». Comprendre c'est percer les raisons, et agir en fonction d'elles, agir sur soi (élévation intérieure, intégration à la nature, intériorisation des lois nécessaires) ou sur le monde (engagement politique et activisme de résistant). « Tout effort, écrit Spinoza, dont la raison est en nous le principe n'a d'autre objet que de comprendre ou raisonner (*intelligere*) ; et l'âme, en tant qu'elle use de la raison, juge que rien ne lui est utile, si ce n'est ce qui conduit à comprendre[8]. » Comprendre c'est penser sous la conduite de la raison (*ex rationis ductu*).

Comprendre c'est donc penser une chose dans l'unité de sa diversité et dans sa nécessité interne. Et en tant que l'intelligible est un[9], comprendre ne peut se fractionner selon qu'il s'agit de science, de philosophie ou de religion. Ici ou là, la raison est agissante, en quête de la vérité par des voies parallèles usant des mêmes moyens : la rigueur, l'oubli de soi, la libre soumission préalable à la nécessité. « Quoi de plus respectueux, de plus pieux qu'un travail de physicien ou de biologiste », écrit Cavaillès à Étienne Borne.

implicites d'une démarche scientifique. Si bien que comprendre revient à expliciter ou interpréter et que sa philosophie est une herméneutique.

7. Spinoza, *Traité de la réforme de l'entendement*, trad. Scala André, Paris, Éditions de l'Éclat, 2013.

8. *Éthique*, IV, proposition 26.

9. Lettre à Étienne Borne du 26 novembre 1930 : « Si quelque part nous comprenons, il n'y a pas un intelligible, et un autre, Dieu, il y a l'Intelligible. [...] Il s'affirme lui-même du dedans. » De même chez Spinoza, la connaissance du troisième genre et l'amour intellectuel de Dieu sont une seule et même chose.

La vérité est « *index sui* » pour qui adopte ces moyens, ce qui ne veut pas dire qu'il s'agit ici et là du même type de vérité, démontrée en mathématiques, non démontrable en ce qui concerne l'existence de Dieu. Qu'il s'agisse de Dieu ou des mathématiques, comprendre n'est pas « voir[10] », mais « saisir » ce qui se manifeste de lui-même, du dedans, et saisir directement sans la médiation du récit, de la description, du témoignage, de l'interprétation, ni même de l'histoire. La philosophie se nourrit de l'histoire (histoire de la pensée, de la philosophie et surtout des mathématiques), mais elle n'est pas une histoire ; elle est l'exercice de la raison, pareillement investie dans les actes de science, de philosophie, de combat et de foi.

Mais que saisit le comprendre ? Chez Spinoza, dans la métaphysique traditionnelle, dans l'intuitionnisme cartésien ou moderne, on saisit l'Être (Dieu), les essences des choses, les objets mathématiques, supposés s'imposer à l'intuition. La réflexion sur l'intuition parcourt l'œuvre de Cavaillès, d'abord ponctuellement[11] et pour signifier que l'intuition n'est pas marque de passivité mais d'activité intellectuelle. Puis, dans *TC* et dans *LTS*, Cavaillès récuse la conception courante qui associe invariablement l'intuition à la subjectivité. Les mathématiques du début du xxe siècle ont d'ailleurs révolutionné l'ancienne conception de la nature et du rôle de l'intuition ainsi que celle des objets mathématiques. Il n'y a pas d'essences éternelles, pas d'objets mathématiques en soi. Les mathématiques

10. Cavaillès ne reprend pas la métaphore de la vision qui sous-tend le modèle classique de la connaissance, celui de Spinoza inclus, et le modèle intuitionniste de Brouwer.

11. Il est plusieurs fois question de l'« intuition centrale », qui constitue l'unité d'une théorie mathématique et dirige la variation de ses applications : *MAF*, p. 186 ; *TAE*, p. 227.

ne sont pas un ciel d'idées offert à la contemplation des mathématiciens. Mais que saisit donc ou crée le mathématicien, que comprend le philosophe ? C'est alors qu'une notion se présente pour nous sortir de l'ornière. Et Cavaillès de greffer un autre rameau sur l'arbre spinoziste de la compréhension rationnelle intuitive. C'est le rameau du sens, cueilli par Cavaillès dans sa connaissance de Bolzano et de Frege autant que dans sa lecture critique des *Recherches logiques* et de *Logique formelle et Logique transcendantale* de Husserl.

Aujourd'hui il semble immédiat de s'engager dans une voie herméneutique dès que l'on discute du sens d'un texte ou d'un acte. Mais pas plus que le point de vue frégéen des contenus conceptuels (*begriffliche Inhalte*), qui sont absolument indépendants de l'esprit qui les saisit, la phénoménologie de Husserl n'est une herméneutique, même si elle en ouvre les voies. Ce qui est alors en question, et qui intéresse Cavaillès, c'est *la logique des contenus* de pensée, la logique de la signification, autrement dit ce sont les structures sémantiques de la pensée. Pour Cavaillès le sens est autonome, relativement par rapport à l'expression qui le dit et totalement par rapport à l'acte mental qui dépend de lui plutôt que l'inverse. Statut *sui generis* par lequel il échappe et à la *linguistique* et à la *psychologie*. De plus, comme le montrent les théorèmes d'incomplétude de Gödel (1931)[12], en arithmétique, reine et supposée

12. Ces deux théorèmes ont été démontrés par Kurt Gödel dans son article « Sur les propositions formellement indécidables des *Principia Mathematica* et des systèmes apparentés » (*Collected Works*, t. I, New York – Oxford, Clarendon Press – Oxford University Press, 1986). Le premier théorème établit que tout système formel consistant et contenant l'arithmétique élémentaire est incomplet, c'est-à-dire qu'on peut y formuler des énoncés indémontrables dont

fondement des sciences mathématiques, le sens met au défi la *logique de système formel*. D'où l'intérêt qu'il offre pour une investigation des entités mathématiques, ces « objets de pensée[13] » qui ont, du reste, servi de modèle à Frege et à Husserl pour caractériser le sens. Les objets de pensée sont des objets idéaux et les objets idéaux sont des unités complexes de sens, support de l'objectivité scientifique. La logique du sens devrait nous renseigner sur la nature ou le mode d'émergence de tels objets, si familiers au mathématicien. Aussi la pratique mathématique est-elle conçue dans *MAF* comme un travail de transformation de signes, d'expressions, de formules, de concepts, de méthodes, en tant que porteurs de sens local ou général. *LTS* précisera que l'on ne peut dissocier expression et sens[14], position qui diffère finalement de celle de Frege et de celle de Husserl, partisans de l'indépendance, radicale pour le premier, relative pour le second, du sens par rapport à son expression.

Le sens c'est donc ce que Frege appelle le « contenu conceptuel » ou simplement la « pensée » (*der Gedanke*), Husserl le « contenu (objectif) » ou l'« unité idéale de signification » d'un acte (subjectif) de signification[15]. Les

la négation est également indémontrable. Le second établit que la consistance de tout système consistant et contenant l'arithmétique élémentaire ne peut être formellement démontrée par les seuls moyens dudit système.

13. Cavaillès traduit littéralement les fameux *Gedankendinge* de Dedekind et de Hilbert.

14. *OC*, p. 494.

15. Frege distingue entre la signification (*Bedeutung*), définie par la référence d'une expression à un objet, et le sens (*Sinn*) ou mode de donation de l'objet. La distinction est clairement formulée dans son article « Über Sinn und Bedeutung » (1892), traduit par Imbert Claude sous le titre « Sens et dénotation », dans *Écrits logiques et*

contenus de Frege et ceux de Husserl ont une idéalité
qui garantit le caractère intemporel de leur vérité ou de
leur fausseté. Cavaillès au contraire introduit la flèche du
temps dans les contenus de pensée, les distinguant ainsi
des essences éternelles de la métaphysique traditionnelle.
J'y reviendrai pour montrer comment Cavaillès allie
l'objectivisme sémantique à l'histoire. Pour l'instant, je
veux seulement préciser que pour Cavaillès le travail sur
les éléments signifiants et signifiés n'est pas un travail
d'interprétation mais de création, de production, et
même d'autoproduction du sens. Cavaillès ne regarde
pour ainsi dire que du côté du contenu (comme Bolzano,
comme Frege), pas (comme Husserl) du côté de la visée
co-constituante de la signification. Mais le contenu est
historique, il se déploie dans un procès spécifique, qui, d'une
certaine façon mais d'une certaine façon seulement, est
idéal car dégagé de sa naissance éventuellement empirique
dans les sciences physique, biologique, sociologique,
économique, etc., libéré des contingences sociohistoriques
et des contraintes institutionnelles de son émergence, et
enfin débordant l'expression par laquelle nécessairement
il s'exprime. Du point de vue intrinsèque, qui détache
les mathématiques de leurs applications, les contenus
s'autoengendrent les uns à partir des autres à un rythme

philosophiques (p. 102-126), Paris, Seuil, 1971. On ne retrouve pas
cette distinction chez Husserl ; pour ce dernier la sphère du sens est
plus large que celle des significations idéales liées à l'expression, elle
comprend tous les types d'actes intentionnels, y compris percevoir
ou faire un geste (*Les Recherches logiques*, t. II, 1901, trad. Élie
Hubert, Kelkel Lothar et Schérer René, Paris, PUF, 1961 ; *Idées
directrices pour une phénoménologie*, t. I, trad. Ricoeur Paul, Paris,
Gallimard, 1950, p. 418).

nécessaire et imprévisible. Le sens s'autoconstitue dans une transformation perpétuelle de ses concrétions particulières.

La mathématique n'est pas un texte à interpréter, mais un développement en réseau, une toile mouvante dont il faut trouver ou repérer les nœuds et prolonger à partir de chacun d'eux trame et chaîne. Rien à interpréter, tout à comprendre, c'est-à-dire à faire ou refaire.

Comprendre c'est agir

La compréhension rationnelle englobe la connaissance discursive (la connaissance d'entendement) qui en est l'instrument fiable par excellence. Or connaître n'est efficient que s'il est articulé à la pratique. Connaître n'est pas savoir certainement, ni déduire infailliblement, c'est parier, parier sur la réussite de certaines démarches ou expérimentations. Le succès indique la possibilité de continuer l'action[16]. Comme le soutient l'intuitionnisme de Brouwer, la mathématique n'est pas une doctrine mais un faire. Elle est une pratique, ce qui veut dire qu'elle est matérialisée en procédures concrètes à mettre en œuvre, procédures itérables et modifiables car adossées à un savoir évolutif. Pour donner un exemple précis, l'application de l'algorithme d'Euclide[17] ne reproduit pas forcément la démarche d'Euclide même, elle en conserve le principe sous des formes qui s'adaptent aux objets qu'elles concernent, les fonctions par exemple, absentes de l'arithmétique et de la géométrie euclidiennes. Cependant, la pratique ne

16. *CP*, p. 650.
17. Méthode permettant de calculer le plus grand commun dénominateur de deux nombres entiers.

trouve pas sa justification théorique dans un pragmatisme. Car si le succès incite à l'action, il n'est pas la norme de la vérité mathématique. La norme c'est la démonstration : même lorsqu'un contenu vrai échappe à toute preuve intrasystématique, c'est par une preuve que la disjonction vérité/preuve est établie, comme dans le théorème de Gödel de 1931 sur l'incomplétude de l'arithmétique élémentaire. Et si le succès est un indicateur positif de créativité, il n'est pas ce par quoi un problème, ou une solution, prend un sens, c'est-à-dire s'insère en une totalité organisée, connexe et nécessaire quoique partielle et promise à révision. On entreprend sans tout connaître et on peut réussir sans comprendre *théoriquement* le tout du pourquoi et le tout du comment. Une partie des liaisons nécessaires peut n'apparaître en pleine lumière que postérieurement. Comprendre *effectivement* c'est à la fois moins et plus que comprendre théoriquement. Moins parce que ça tient en partie du mimétisme : saisir la démarche, « attraper le geste ». Plus parce qu'il ne suffit pas d'attraper le geste, il faut encore « pouvoir continuer »[18], ce qui dépasse la seule compréhension théorique, la rend efficiente, créatrice ou productive. Pouvoir continuer ne découle pas seulement et pas toujours du succès : souvent l'impulsion vient d'un échec, d'une difficulté qui déclenche une initiative non assurée par avance du succès.

Ainsi, comprendre effectivement c'est saisir le mouvement et le poursuivre. C'est donc essayer, tester, éprouver, tenter, ajuster sa pensée à la situation, dans une confrontation effective comme il arrive au grimpeur dont le corps épouse les anfractuosités de la roche pour assurer une prise

18. *MAF*, p. 186 ; *TAE*, p. 227.

et atteindre le sommet en évitant la chute[19]. Cavaillès est un philosophe de l'épreuve, de la pensée unie à l'action, de la « pensée en acte », comme il l'a écrit, de la pensée comme expérience, et pas seulement pensée de l'expérience. Pour un mathématicien « militant », les mathématiques ne sont pas ou pas seulement objet d'énoncé, de discours et de déduction, mais matière à travailler, à transformer. Les gestes mathématiques sont des actes de pensée sur des objets de pensée (les *Gedankendinge* des mathématiciens et physiciens allemands de l'époque). Mais, inversement, un objet de pensée, un nombre, une opération (addition-ner 3 et 4, extraire la racine carrée de 9), une propriété géométrique (être équilatéral par exemple), est le produit d'une séquence de gestes mathématiques[20]. L'objet mathé-matique est intérieur à la pensée mathématique, la matière coextensive à la forme.

La théorie dualiste kantienne de l'expérience et de la connaissance, de la sensibilité et de l'entendement[21], est donc à réformer. Cavaillès s'y attelle d'autant plus

19. *CP*, p. 650.
20. *MAF*, p. 186-187.
21. Plus précisément selon Kant : « Les deux termes extrêmes, à savoir la sensibilité et l'entendement, doivent nécessairement s'agencer l'un à l'autre par l'intermédiaire de [la] fonction transcendantale de l'imagination », *Critique de la raison pure* (1787), trad. Renaut Alain, Paris, Aubier, 1997, p. 193. « Le premier élément qui doit nous être donné en vue de la connaissance *a priori* de tous les objets *a priori*, c'est le *divers* de l'intuition pure ; la *synthèse* de ce divers par l'imagination constitue le deuxième, mais elle ne fournit encore aucune connaissance. Les concepts, qui donnent de l'unité à cette synthèse pure et consistent exclusivement dans la représentation de cette nécessaire *unité* synthétique, forment le troisième élément requis pour la connaissance d'un objet qui se présente, et reposent sur l'entendement », *ibid.*, p. 162.

attentivement que celle-ci formait encore à son époque
l'horizon de justification spontané, tacite ou explicite, de
mathématiciens aux pratiques aussi différentes que celles
de Dedekind, de Kronecker, de Poincaré, de Brouwer,
de Hilbert. Cavaillès va confronter les thèmes issus du
kantisme : pouvoir de l'entendement, construction,
intuition, aux procédures mathématiques abstraites alors
en plein essor. Il aboutira, on le verra, à un changement
radical du sens des termes en question.

IV

Théorie de la raison

La raison mathématique

Les mathématiques semblent bien offrir le terrain par excellence de pensée et d'action où le dualisme qui suit de la définition kantienne de la pensée comme *représentation* par concepts des objets de l'expérience sensible est pris en défaut. Même si pour Kant, à la différence de la philosophie, connaissance par concepts, la mathématique est *construction* de concepts dans l'intuition pure, elle doit néanmoins « sortir du concept pour atteindre ce que contient l'intuition [*a priori*] qui lui correspond ». L'intuition pure ou *a priori*, antérieure à l'expérience dont elle est la condition de possibilité, est la *forme* de l'intuition sensible qui a, elle, une matière : on a deux dualités superposées, entre intuition pure et empirique, entre intuition et concept. L'intuition pure et *a priori* (l'espace et le temps) ne concerne pas la forme de l'objet qui y est représenté mais la condition formelle et subjective de l'intuition sensible dudit objet. Comme l'observe Cavaillès[1], la notion de construction dans l'intuition doit concilier la domination par le concept de l'entendement avec l'insertion de son objet dans une diversité extérieure, que le concept unifie sans l'abolir. L'extériorité irréductible de la relation entre objet et intuition d'objet est un problème pour une théorie, non pas des sciences en général, y compris les sciences de la nature, de la vie, etc., mais des mathématiques intrinsèquement, non pas des catégories, cadres vides et uniformes de pensée, mais de l'activité *effective* de la raison pure.

Comment caractériser l'activité de la raison ? En examinant les procédures mathématiques, car la raison n'y a affaire qu'à elle-même. Cavaillès assume la célèbre formule de Kant : « La mathématique fournit l'exemple le plus brillant d'une raison pure s'étendant d'elle-même avec bonheur, sans l'aide de l'expérience[2] », c'est-à-dire sans l'aide de l'intuition sensible. Peut-être les problèmes qui s'y posent viennent-ils du monde (physique, biologique, social, économique, etc.), mais elle les résout par des procédés qu'elle tire de son propre exercice indépendant. Et tandis que selon Kant ces procédés relèvent de la logique générale de l'entendement qui détermine les conditions *a priori* (concepts et catégories) de toute expérience possible, pour Cavaillès ils relèvent de l'opérationnalité mathématique même : calculer, figurer, tracer des fonctions, dessiner des diagrammes, inventer des concepts, jouer avec l'infini, caractériser numériquement le continu, etc., toutes opérations qui ne sont pas unification du sensible. Leur applica-

1. *TC*, p. 470.
2. *Critique de la raison pure, op. cit.*, p. 603.

bilité ne saurait occulter leur nature purement rationnelle. Comme il le déclare à la séance de la Société française de philosophie à laquelle il est invité, avec Albert Lautman, en 1939, Cavaillès cherche « au moyen des mathématiques, à savoir ce que cela veut dire que connaître, penser » ; car « la connaissance mathématique est centrale pour savoir ce qu'est la connaissance ». C'est, dit-il[3], « très modestement repris le problème que se posait Kant ».

Rationnel est autre chose que logique. Cavaillès distingue la recherche mathématique du raisonnement purement logique ; la rigueur mathématique implique la rigueur logique mais elle ne s'y réduit pas, ce que Kant certes reconnaissait en faisant des propositions mathématiques des jugements non pas analytiques, mais synthétiques *a priori* : le nombre 12 n'est pas inclus dans le concept de la somme de 7 et 5. Cavaillès observe de façon pertinente que poser la question de savoir si le concept de somme de 7 et 5 contient ou non le concept de son résultat, c'est rester enfermé dans un cadre aristotélicien de pensée. L'enchaînement des notions mathématiques n'est pas une déduction/inclusion logique. Par exemple, l'extension du domaine des nombres entiers positifs aux entiers relatifs, aux fractions, etc., le passage des propriétés de l'addition sur l'ensemble des entiers relatifs {..., -3, -2, -1, 0, 1, 2, 3,...} au concept de groupe*, sont l'extension d'un pouvoir opérationnel spécifique : en adjoignant les entiers négatifs aux entiers positifs ou nuls on permet la soustraction entre entiers quelconques, en adjoignant les fractions on permet la division par un entier quelconque non nul, en dégageant la structure de groupe on peut appréhender par son biais des ensembles d'éléments qui ne sont pas des

3. *PM*, p. 625.

nombres, rotations du plan, bijections* d'un ensemble E sur lui-même, permutations des racines d'une équation algébrique, etc. Ces exemples indiquent clairement que le raisonnement mathématique travaille un matériau que l'armature logique traditionnelle laisse entièrement de côté.

Hegel a critiqué partout dans son œuvre le formalisme abstrait de la déduction logique, qu'il voulait remplacer par une logique du contenu, intégrant matière et forme. L'« accueil du contenu », comme l'écrit Hegel, est la manière dont la pensée surmonte l'immédiat et se développe à partir d'elle-même[4]. Mais la logique de Hegel est une « philosophie spéculative, [qui] prend la place de ce qui était en d'autres temps nommé *métaphysique*[5] », et exclut hors de son champ les sciences positives, les mathématiques en particulier. C'est plutôt Frege qu'il faut invoquer ici, car celui-ci a précisément montré que le raisonnement mathématique n'est pas structuré par la logique, héritée d'Aristote, de l'analyse grammaticale des propositions en sujet/copule/prédicat comme dans « Socrate est mortel ». Les propositions mathématiques sont plutôt du genre « a est plus grand que b », elles mettent en œuvre des *relations* (« égal », « équivalent », « plus grand que », « être situé entre », etc.), et aussi des fonctions ou opérations comme l'addition, la multiplication, l'extraction de racines, des combinaisons d'opérations, des combinaisons de combinaisons, etc. Indéniablement la logique de Frege est une logique du contenu de *pensée mathématique*. Chez Hegel et chez Frege la logique du contenu est une logique du concept, mais leurs conceptions du concept sont diamétralement opposées :

---

4. *Encyclopédie des sciences philosophiques* (*Encyclopédie*), I, trad. Bourgeois Bernard, Paris, Vrin, 1986, p. 179.
5. *Ibid.*, p. 191 (souligné par Hegel).

pour le premier le concept est le moment moteur de la dialectique de la conscience*, pour le second le concept est ce dont est absente toute référence à un sujet. Nous verrons que Cavaillès retient la dialectique, mais en la dissociant en fin de compte, c'est-à-dire dans *LTS*, de la conscience et en défendant une conception objectiviste du concept.

L'expérience mathématique effective

Kant pensait que les mathématiques n'ont rien à voir avec l'expérience empirique (au sens où, même si elles formalisent la dimension spatio-temporelle de l'objet physique quelconque, elles ignorent sa matière sensible), mais son schéma de construction du concept dans l'intuition reproduit la dualité extérieure du donné et du pensé. Pour Kant, « expérience » n'est que l'autre nom de « connaissance empirique ». Cavaillès soutient que la connaissance mathématique est expérience, c'est-à-dire qu'elle ne découle pas de catégories *a priori*, et aussi bien que l'expérience véritable est connaissance, c'est-à-dire qu'elle n'est pas empirique[6]. Naturellement son idée de l'expérience est franchement différente de celle de Kant.

À l'exemple de Husserl, Cavaillès entend étendre la compréhension du concept d'expérience au-delà de l'empirique[7]. Husserl introduit en effet une expérience « catégoriale* », c'est-à-dire *grosso modo* une expérience du

6. *MAF*, p. 187.
7. « On ne pourra pas se soustraire à l'élargissement indispensable du concept d'objet d'après lequel non seulement des objets réels, mais aussi des objets irréels ("idéaux") sont compris sous ce concept ; à cet élargissement correspond l'élargissement du concept d'expérience, concept qui dans cet élargissement garde précisément l'essentiel de

général en tant qu'objet idéal. Ainsi nous avons l'expérience de données abstraites comme les nombres, les ensembles, les propriétés, les relations. La visée intentionnelle est alors dirigée non vers un objet sensible, vers ce crayon rouge par exemple, mais vers une signification idéale telle que, par exemple, « ce crayon est rouge », ou « A est rouge », ou « A est plus grand que B », etc. Cependant expérience sensible et expérience catégoriale sont indissociables : la seconde est « enracinée » dans la première comme dans son sol ultime, et l'intuition est le mode de l'une comme de l'autre. Que l'acte intentionnel qui constitue l'objet soit intérieurement lié à cet objet est certes un dépassement de l'extériorité kantienne entre objet et entendement. Mais le mode intuitif de donation de l'objet n'est pas une évidence aux yeux de Cavaillès.

Selon Cavaillès, l'expérience mathématique est spécifique ; elle ne renvoie pas à un monde d'objets extérieurs affectant la sensibilité, ni même seulement à des actes singuliers, mais plus globalement à une *pratique* soutenue par un acquis partagé, développée par des essais, des tentatives, des preuves. En un mot l'expérience n'est pas à comprendre par analogie avec la perception, mais avec l'action. Ou plutôt la perception est déjà une action. Car même pour les sciences expérimentales, l'expérience n'est pas réception passive, mais « incorporation du monde à l'univers scientifique », il n'y a pas d'« extra-scientifique radical »[8], ce qui du reste demeure conforme à la perspective kantienne, dans laquelle il n'y a pas d'expérience sans unité formelle la préformant. Mais, et c'est tout autre chose, Cavaillès

la saisie de la chose même », *Logique formelle et Logique transcendantale* (*LFLT*), trad. Bachelard Suzanne, Paris, PUF, 1957, § 11, p. 63.
    8. *LTS*, p. 505-506.

conçoit l'expérience comme une véritable aventure, à l'issue imprévisible quoique réglée par un système de gestes ajustés aux contraintes d'une situation déterminée et producteurs d'un résultat qui modifie cette situation ainsi que les notions en rapport avec elle[9]. L'activité des mathématiciens est expérimentale, non en ce sens qu'il y s'agit de tester la validité d'une hypothèse en imaginant des protocoles de production de phénomènes reproductibles vérifiant ladite hypothèse, mais en ce sens que les gestes en sont accomplis dans des situations particulières, conformément à des règles, et que leur produit retentit globalement sur la configuration mathématique tout entière. L'activité mathématique s'exerce au fil d'une histoire singulière : chaque tentative, chaque nouvelle notion, chaque nouvelle méthode de raisonnement est imaginée sur le fond d'une situation mathématique concrète qui la conditionne sans la déterminer complètement, dont elle dépend donc autant qu'elle s'en affranchit. L'expérience mathématique n'est pas l'expérience (empirique) du monde ; elle est un dialogue entre un « pouvoir de tentatives soumises à des conditions et ces conditions mêmes[10] ». Dialogue donc plutôt que synthèse extérieure au synthétisé, j'y reviendrai plus loin, car à la différence de Léon Brunschvicg, de Ferdinand Gonseth et de Gaston Bachelard, Cavaillès en viendra à ne considérer l'activité que sous l'aspect de ses productions matérielles que sont les concepts, les méthodes, les théories, et effacera le dialogue au profit de la détermination par ce qui dans une situation constitue un problème à résoudre.

Caractériser la connaissance comme véritable expérience revient à dépasser la dualité traditionnelle entre expérience

9. *PM*, p. 601-602.
10. *MAF*, p. 186.

et connaissance. D'une part, on l'a vu, entre le vécu et la pensée il n'y a pas rupture mais continuité : le vécu pur est insaisissable. Cavaillès est intéressé mais non conquis par le point de vue de Kierkegaard, origine des phénoménologies du concret, en plein essor en France[11] à son époque, qui contestaient le privilège de la science à dire le réel. D'autre part, toute pensée authentique est une pensée effective, concrète.

Que veut dire effectif ? Ce terme est une pierre angulaire de la philosophie de Cavaillès, présente de quelque façon que l'on aborde l'édifice. Il intègre dans l'identité de la connaissance et de l'expérience un complexe de significations qu'il est nécessaire de débrouiller.

a) « Effectif* » traduit l'allemand *wirklich*, qui n'appartient pas typiquement au vocabulaire kantien. Kant l'emploie peu, une fois pour souligner qu'il n'y a pas d'« expérience effective » qui ne comporte déjà « des concepts qui rendent possible l'unité formelle de l'expérience »[12]. L'expérience *effective* s'oppose ici à l'expérience *possible* ; ce sont les concepts purs (ou catégories) de l'entendement qui, originairement, permettent la *possibilité formelle* de l'expérience ; celle-ci devient effective lorsque le concept se rapporte à une donnée intuitive, lorsque la pensée formelle devient connaissance d'objet.

b) Cavaillès conserve le sens kantien d'« effectif » qui l'oppose à « formel », opposition conservée et critiquée par Hegel. Cavaillès critique aussi souvent que Hegel les

---

11. Notamment sous la plume de Gabriel Marcel, critiqué sans ménagement par Cavaillès, et de Jean Wahl, dont on ne trouve pas mention dans les écrits de Cavaillès, et qui influença plusieurs philosophes, Jean-Paul Sartre et Maurice Merleau-Ponty entre autres.
12. *Critique de la raison pure*, *op. cit.*, p. 193.

« uniformes » du formalisme ou de la logique traditionnelle, mais le nom de Hegel apparaît rarement, la référence à une philosophie spéculative ou métaphysique n'étant pas du goût de Cavaillès. C'est pourtant bien Hegel qui a inauguré la pensée moderne de l'effectivité et fait une distinction fort utile pour saisir ce que vise Cavaillès. Hegel différencie en effet l'apparition (*Erscheinung*), passagère et insignifiante, de l'effectivité (*Wirklichkeit*), qui est la raison incarnée, « l'unité devenue immédiate de l'essence et de l'existence, ou de l'intérieur et de l'extérieur[13] ». La possibilité kantienne n'est qu'une forme vide ; lorsque la possibilité est effective, qu'elle a un contenu, elle devient nécessité. La nécessité est l'identité non abstraite de l'essence, identité « pleine de contenu », effective. C'est en ce sens que Hegel soutient que le rationnel (*vernünftig*) est effectif et que l'effectif est rationnel : l'effectif est « issu du concept », c'est un singulier posé comme universel, car il s'agit d'une singularité englobant, « totalisant » tous ses moments ; à ce titre le concept est « ce qui est absolument *concret* »[14], car il est *mouvement* et dans ce mouvement réunit en lui en une unité idéelle l'être (règne du passage, règne de l'immédiat) et l'essence (règne du paraître dans soi-même, règne de la relation et de la réflexion dans soi). Le concret c'est donc le concept, et non l'existence immédiate comme l'ont soutenu contre Hegel Kierkegaard et les penseurs du concret[15]. C'est bien ce que soutient Cavaillès à propos des concepts *mathématiques*.

---

13. *Encyclopédie*, I, § 91 *sqq.*, p. 230 *sqq.*
14. *Encyclopédie*, I, p. 241 *sqq.*
15. La vérité du concept résidant dans son mouvement, elle ne saurait être établie au niveau d'un énoncé particulier. Se totalisant dans tous ses moments, le concept est à penser comme l'activité

L'effectivité hégélienne dépasse l'opposition kantienne entre entendement et expérience, et entre forme et contenu ; pour cela même elle constitue un fil conducteur essentiel pour lire Cavaillès et suivre en particulier sa critique du transcendantalisme kantien et husserlien. Hegel avait souligné en effet que les catégories kantiennes, ayant leur source dans l'unité de la conscience de soi, produisent une connaissance dont l'objectivité est elle-même seulement quelque chose de subjectif ; il avait caractérisé la *Critique* comme « un idéalisme subjectif qui ne s'engage pas dans le *contenu*, [et] n'a devant lui que les *formes abstraites* de la subjectivité et de l'objectivité[16] ». Or « la connaissance scientifique exige de se livrer à la vie de l'objet ou, ce qui signifie la même chose, d'avoir devant soi et d'énoncer la nécessité intérieure de cet objet. S'enfonçant ainsi dans son objet, elle s'impose l'oubli de ce regard d'en haut [...] elle est plongée dans la matière et progresse dans le mouvement de celle-ci[17] ». Aller au contenu, c'est le travail de la raison qui dépasse le moment abstrait de l'*entendement*, et, pour une philosophie focalisée sur le déploiement de la *raison* mathématique comme l'est celle de Cavaillès, c'est aller au mathématique proprement dit, dont la croissance atteste bien en effet la perspective hégélienne de la forme se développant en contenu nécessaire. La connaissance mathématique est effective en ce sens qu'elle n'est pas un savoir abstrait mais une confrontation expérientielle avec un

libre et créatrice de Dieu immanente aux choses dans lesquelles elle se déploie : cf. *Encyclopédie*, I, addition au § 163, p. 594.

16. *Ibid.*, p. 305 (souligné par moi).

17. *PE*, p. 97. Attention ! Pour Hegel la science effective *n'est pas* la science positive ; la science effective est « spéculative », c'est-à-dire métaphysique, ce pourquoi Brunschvicg pensait que la philosophie de Hegel était une régression par rapport à celle de Kant.

donné rationnel qui est *déjà* mathématique : l'immédiat[18] extra-mathématique n'est qu'illusion d'une origine dans le temps ou d'un commencement dans le sensible.

c) Un autre fil, bien plus directement visible dans les écrits de Cavaillès, est déroulé par le développement mathématique à travers les nouvelles notions de définition constructive, de démonstration constructive, de fonction calculable, qui répondent à l'exigence de n'admettre que les objets que l'on sait effectivement construire ou calculer. Après la mathématisation de l'infini actuel opérée par la théorie des ensembles de Dedekind et Cantor, de vifs débats ont opposé les partisans de raisonnements ensemblistes fondés sur la méthode axiomatique (Hilbert) et ceux qui s'en tenaient à l'idée d'infini potentiel, c'est-à-dire de progression indéfinie analogue à la suite des nombres entiers, et leur préféraient les méthodes algorithmiques, qui permettent d'obtenir un résultat par une suite finie d'opérations numériques (Kronecker). L'introduction de *MAF* développe une réflexion sur l'effectif qui souligne 1) l'interdépendance entre existence d'un objet et moyen de le connaître (n'existe que ce que l'on sait construire ou calculer), d'où le rejet de l'idéalisme des objets en soi et de l'empirisme de données extérieures à la connaissance ; 2) la puissance de « la pensée en acte, sans autre référence que le devenir imprévisible des mathématiques », d'où le mouvement non programmé d'une pensée réglée mais non enfermée dans des règles immuables prescrites à l'avance : d'un côté la résistance à l'infini actuel n'a pas empêché un mathématicien comme Émile Borel de raisonner en termes d'ensembles cantoriens, de l'autre Brouwer a donné une

18. Pour Hegel l'immédiat est insignifiant au sens propre ; ce que l'on saisit est l'immédiat déjà médiatisé par le langage.

expression mathématique du devenir avec son concept de
suite engendrée pas à pas par des actes libres de choix[19] ;
et 3) la liaison étroite entre les questions mathématiques
principielles et les systèmes ou conceptions philosophiques
qui tâchent d'en rendre compte (Descartes, Leibniz, Kant,
Brouwer) : un va-et-vient des unes aux autres, comme l'a fait
Brunschvicg dans *Les Étapes de la philosophie mathématique*,
nourrit ce type de philosophie en dialogue avec les sciences
que l'on appelle, en France, épistémologie. Une théorie
de la raison se doit de « creuser au-delà du mathématique
proprement dit, dans le sol *commun* de toutes les activités
rationnelles[20] ». Plus tard, dans *TC*, écrit en 1940-1941 en
pleine activité de Résistance, Cavaillès note que la notion
de processus effectif a été éclaircie grâce à la théorie des
fonctions calculables ou récursives*, développée dans les
travaux de Herbrand, de Gödel, de Church et de Kleene :
une fonction récursive est une fonction dont l'argument
est un nombre entier (ou un n-uplet de nombres entiers)
et dont la valeur numérique peut se calculer en tout point
par une procédure mécanique.

MAF s'attaque au programme annoncé à la fin de *TAE* :
comprendre le travail mathématique, ce qui permettra
de comprendre à la fois la *nature spécifique* et le *progrès*
mathématiques. À ce stade, en 1938, Cavaillès puise dans
l'intuitionnisme brouwérien les caractères qui lui permettent
de donner un contenu mathématique à « effectif ». Il retient
en effet que :

19. Hermann Weyl écrit : « C'est une première idée fondamentale
de Brouwer que la suite de nombres qui croît par des actes libres
de choix est un objet possible de conceptualisation mathématique »
(« Über die neue Grundlagenkrise... », trad. Largeault Jean,
Intuitionnisme et théorie de la démonstration, op. cit., p. 76).
20. *MAF*, p. 29 (souligné par moi).

1) la connaissance mathématique est une expérience *sui generis* ;

2) son développement est une construction imprévisible, indépendante de la logique ;

3) les conditions de possibilité de la connaissance ne se manifestent à nous que par l'*acte* de connaître ;

4) la mathématique est un faire, non une doctrine.

Bien avant toutes les entreprises épistémologiques contemporaines qui s'attachent à montrer les affinités entre intuitionnisme et phénoménologie, Cavaillès croit reconnaître un point de convergence, unique du reste selon lui, entre la perspective de Brouwer et celle de Husserl : la référence à un acte[21]. Mais pour Husserl comme pour Brouwer l'acte n'a de légitimité que celle fournie par l'*intuition*, ce qui est problématique du point de vue de Cavaillès, qui à la notion d'acte associe plus volontiers celle de *travail*.

Les mathématiques sont un travail, c'est-à-dire une force de transformation de données produites antérieurement. Pour décrire ce travail ou renforcer son caractère concret, « effectif » survient constamment sous la plume de Cavaillès, comme dans les expressions « pensée effective », « travail effectif », « traitement effectif », « actualisation effective », « enchaînement effectif », « histoire effective », etc. L'insistance sur la teneur, le contenu de *Wirklichkeit* des opérations (de pensée, de travail, d'enchaînement, etc.) par opposition à leur aspect simplement formel et abstrait, dérive de la volonté de prendre en compte la matérialité du processus de production mathématique.

d) « Effectif » a un quatrième sens. La théorie du signe de Hilbert offre en effet un moyen de conjoindre

---

21. *LTS*, p. 497.

travail et matière, pensée et intuition. Concrètement, les mathématiques sont un travail sur des signes : formules, schémas, flèches, diagrammes. S'y déploie la « pensée effective », qui est symbolique *et* intuitive. La philosophie du signe de Hilbert va, dans la ligne de Kant, plus loin que Kant ; elle montre que dans le fonctionnement de la pensée la logique n'est plus isolable comme un cadre *a priori*. « Les signes arithmétiques sont des figures écrites, les figures géométriques des formules dessinées[22]. » Cavaillès explique que c'est cette homogénéité entre formules et figures qui permet de « considérer comme intuitive la mathématique des algébristes ». Autrement dit, il y a une intuition symbolique, et la pensée symbolique, qui est certes une *pensée* sur des signes abstraits, est en même temps pensée effective, parce qu'elle est *expérience* sur des signes et des formules qui ne sont pas le langage mais la matière même de cette pensée, non pas ses aide-mémoire mais sa réalité objective et concrète[23]. Cavaillès n'endosse pas l'idée intuitionniste de la séparation entre langage et substance mathématique, et défend l'idée hilbertienne que signes et équations *ne représentent pas* mais *sont eux-mêmes* les objets de pensée : « $f(x) = 0$ est à la fois situation et expression de situation. Une expression mathématique est en même temps une situation mathématique[24]. » La configuration d'une

22. Hilbert David, *Problèmes mathématiques*, cité dans *MAF*, p. 101. Cf. aussi « Sur l'infini », trad. Largeault Jean, in *Logique mathématique. Textes*, Paris, Armand Colin, 1972, p. 228-229.

23. *Ibid.*, p. 232 : « ... en algèbre nous considérons les expressions composées de lettres comme étant en soi les formes indépendantes et qui formalisent les théorèmes contentuels de l'arithmétique. À la place des propositions portant sur des chiffres apparaissent des formules qui sont à leur tour l'objet d'une saisie intuitive... »

24. *MAF*, p. 182.

formule matérialise un ensemble de règles d'emploi. Un énoncé mathématique exprime une situation entre les objets sensibles que sont signes et formules. Les mathématiques sont un « travail sur des formules », des « expériences [...] sur des formules », un va-et-vient entre signes et procédés d'action : les formules conditionnent l'inventivité. Le statut du signe, mixte sensible-intellectuel, le désigne comme schème, qui, dans la doctrine kantienne, permet l'application des concepts purs de l'entendement aux objets de l'expérience. Mais justement, il n'y a plus besoin de schème, de médiation entre la pensée et le sensible, puisque les formules et diagrammes mathématiques attestent leur jonction réalisée.

La pensée effective est substantielle, elle véhicule des contenus, ou plutôt pour Cavaillès, elle est véhiculée par eux. À ce titre elle est hors du cadre fixe des règles *a priori* d'application de l'entendement aux objets qu'il constitue à partir de l'expérience. Elle n'est prisonnière ni de la logique formelle (théorie des formes de jugements) ni de la logique transcendantale (théorie des catégories ou concepts purs de l'entendement qui permettent de constituer la rhapsodie du divers en objets de connaissance). Cavaillès reprend à son compte le credo intuitionniste : « La possibilité de la connaissance ne se manifeste à nous que par l'acte de connaître lui-même. » Cependant ce credo se trouve en grande affinité avec la critique par Hegel de la possibilité abstraite, opposée à l'effectivité du contenu et à la pensée concrète comme celle qui contient en elle la possibilité comme un moment abstrait. C'est pourquoi Cavaillès appliquera, comme on va le voir, l'analyse hégélienne à la mathématique lors même que Hegel excluait la mathématique de la pensée effective.

Ce point de vue conduit à remanier le sens reçu des termes « intuition », « expérience », « concept », « logique »,

« objet », et à reformuler différemment de Kant et de Hegel le problème de la jonction entre pensée et expérience. L'algèbre des structures abstraites (de groupe, anneau*, corps*, etc.), « mathématique conceptuelle », atteste l'existence d'une intuition symbolique, dont le logique n'est qu'un composant *non isolable*. Les enchaînements conceptuels symbolisés, les schémas et diagrammes, qui sont manifestement plus que des déductions purement logiques, sont intuitifs. C'est pourquoi, tous ceux qui opposent brutalement mathématiques (intuitives) et logique (formelle) manquent leur conjonction effective dans les développements et des mathématiques et de la logique du premier tiers du XXe siècle. Les uns en privilégiant la spontanéité de l'esprit (Poincaré, Brouwer, dans le sillage de Kant), les autres en méconnaissant la possibilité d'une logique à contenu, développée par les œuvres de Frege, de Hilbert, de Tarski, de Husserl (Wittgenstein, qui soutient dans le *Tractatus* que les propositions logiques n'ont pas de contenu, Brouwer, qui dénigre le symbolique, habillage extérieur et artificiel de l'intuition substantielle). Les premiers s'exposent au reproche, généralement injustifié, de psychologisme, les seconds dénient la générativité propre au symbolique quand toute la pratique mathématique, depuis les temps les plus anciens jusqu'à l'axiomatique abstraite et au-delà, confirme la fécondité effective des formes et des formules, qui ne sont jamais vides mais au contraire polysémiques.

Dans les écrits où il n'a pas encore mis en question le point de vue de la conscience, hérité de Kant, conservé par Hegel et par Husserl, partagé par Brunschvicg et par Brouwer, Cavaillès oppose la conscience effective ou effectuante à la conscience transcendantale ou constituante[25]. Pour

25. *TC*, p. 472.

celle-ci, qui renvoie aux philosophies de Kant et de Husserl, c'est net : sans elle les choses ne donnent pas lieu à des objets de l'expérience. Transcendantal est en effet ce qui conditionne *a priori* et universellement la possibilité que des choses deviennent objets de notre pouvoir de connaître. La conscience transcendantale constitue ses objets dans l'unité de l'aperception pure, l'unité numérique, originaire et immuable, du « Je pense », qui se déploie en catégories et en principes *a priori* de la connaissance. Par opposition, la conscience effective n'est pas *a priori* et ne concerne pas la possibilité de l'expérience mais l'expérience elle-même, qui, pour Cavaillès, est connaissance. La conscience effective est, comme on le verra, liée à des contenus singuliers. L'utilisation de l'adjectif « effectuante », apax dans la dernière page de *TC*, rappelle Husserl, qui en use constamment et distingue entre effectuant et actuel dans le contexte de recherche des essences par l'intuition eidétique[26]. Cavaillès reprend le mot sans en assumer tout le contexte. Et c'est « effectif » qu'il emploie constamment, et constamment à propos de démarches mathématiques, qui consistent à formuler des problèmes de manière à préparer leur solution. La « conscience effective » est constructive. La mathématique construit ses objets par des suites d'opérations et de démonstrations effectuées en suites finies de signes et de formules les incarnant. L'objet mathématique ne présuppose pas l'unification par une

---

26. L'intuition eidétique saisit par variation la structure essentielle et invariante d'une chose. *LFLT*, p. 330 : « *la subjectivité effectuante n'est pas par principe épuisée* par la vie intentionnelle *actuelle* » (soulignements de Husserl). Et déjà dans l'introduction Husserl distingue l'intentionnalité effectuante des effectuations particulières qu'elle réalise.

conscience « pure, originaire, immuable[27] », qui précède toute donation d'objet. Mais la conscience effective n'est pas davantage une conscience psychologique : effectif ne veut pas dire effectuation, actualisation, réalisation singulière ; la mathématique effective ne s'arrête pas au fini, elle inclut l'infini actuel, l'échelle du transfini*, les définitions et les démonstrations par induction transfinie*. Ce qui importe c'est moins l'effectuation que la règle qui en prescrit les étapes successives. « Effectif » c'est « récursif », comme je l'ai noté plus haut.

La « conscience effective » désigne une difficulté réelle pour qui refuse à la fois 1) l'existence en soi des objets mathématiques avec l'intuition intellectuelle correspondante (réalisme platonisant), 2) la constitution transcendantale de ces objets à partir de données sensibles (Kant, Husserl), 3) leur réduction empirico-idéaliste à des représentations mentales (Brouwer), et enfin, 4) la perspective hégélienne de la conscience effective se saisissant des essences effectives, c'est-à-dire des essences non séparées de leur concept. Une solution s'offre dans l'identification de l'expérience et de la connaissance : est effectif non pas ce qui est vécu par un sujet connaissant ou ce que développe l'expérience subjective d'une conscience, mais ce qui produit un effet repérable dans le champ de connaissance. La conscience effective serait conscience de ce qui est effectif. Cependant, dans la conclusion de *MAF*, Cavaillès notait déjà que l'« expérience pure », c'est-à-dire la conscience, disparaît dans ses objectivations. Au contraire, l'effectivité rationnelle transparaît dans les enchaînements de ses produits. Cela conduira Cavaillès à l'analyse des enchaînements eux-mêmes, soustraits pour ainsi dire au projecteur de

27. Kant, *Critique de la raison pure, op. cit.*, p. 184.

la conscience. Et par là il affirmera davantage l'aspect matérialiste de sa perspective.

Les structures de l'expérience effective

Cavaillès ne prétend pas désigner des principes immuables de toute connaissance mathématique possible, mais des caractéristiques permanentes de la pratique généralisée de l'axiomatique abstraite[28] en tant qu'elles sont en même temps des propriétés essentielles de la pensée mathématique. Il les recueille dans des textes mathématiques de Dedekind et de Hilbert ainsi que dans une réflexion séminale de Husserl. Ce sont la généralisation, l'idéalisation et la thématisation. Particulièrement mises en relief dans la démarche axiomatique, ces structures sont présentes à la racine même de l'activité mathématique, dans les opérations les plus élémentaires, telles que le comptage selon un système institué de nombres ou la considération de figures géométriques comme le cercle par exemple. Considérer « trois » en tant que nombre, c'est le distinguer par généralisation de trois moutons, trois chèvres, trois pommes, etc., et considérer les signes « III » ou « 3 » dans tel ou tel système de numération, c'est poser les signes de dénotation en objets mathématiques idéaux d'un champ thématique déterminé. De même le cercle géométrique

---

28. Par opposition à l'axiomatique euclidienne, qui met en ordre des propositions mathématiques sur des éléments déterminés, nombres ou rapports géométriques, l'axiomatique abstraite raisonne sur des ensembles d'éléments quelconques que l'on peut interpréter diversement par des nombres, des vecteurs, des transformations géométriques, des fonctions, etc.

ne se rencontre pas dans la nature et la formule « $2\pi R$ » se confond avec le concept de périmètre de cercle.

Pour la généralisation, l'idée essentielle rejoint la critique décisive par Frege de l'« uniforme aristotélicien[29] », taillé pour le seul procédé de la subsomption de plusieurs particuliers sous un concept générique, comme lorsqu'on dit « tous les hommes sont mortels ». Sous-entendu : la généralité mathématique s'atteint par bien d'autres procédés que la subsomption de particuliers donnés, déjà là, sous un universel conçu qui les réunit par leurs caractères communs. L'illustration en est puisée dans les extensions successives de la notion de nombre dont Dedekind a fait l'épistémologie dans sa leçon de 1854, publiée par Emmy Noether en 1932 dans le troisième volume des *Œuvres* de Dedekind[30], et que Cavaillès a lue pendant qu'il travaillait à ses thèses. Bien d'autres textes sont mis à contribution, comme on peut le constater dans les bibliographies de *MAF* et de *TAE*, notamment de Hilbert sur *Les Fondements de la géométrie*[31], sur la pensée axiomatique[32] et sur la métamathématique*. Le développement des mathématiques abstraites met en évidence deux processus de généralisation qui ne rentrent pas dans l'uniforme aristotélicien, l'idéalisation ou paradigme et la thématisation.

« Thématisation » appartient spécifiquement au vocabulaire de Husserl, qui utilise par ailleurs les expressions

29. *LTS*, p. 493.
30. Trad. dans Dedekind Richard, *La Création des nombres, op. cit.*
31. Publié en 1899, trad. Rossier, Paris, Dunod, 1971.
32. Publié en 1918, repris dans le volume III des *Gesammelte Abhandlungen*, Berlin, Springer, 1935 ; trad. fr. dans *L'Enseignement mathématique*, n° 7, 1905, p. 89-103. La plupart des articles de métamathématique sont traduits par Largeault Jean, *Intuitionnisme et théorie de la démonstration, op. cit.*

« regard thématique », « attitude thématique », « orientation thématique » et « champ thématique ». Thématiser c'est constituer en objet explicite et central du regard transcendantal une entité présente de manière marginale ou potentielle dans l'horizon du champ noématique, c'est-à-dire du champ des objets intentionnels, corrélats des actes de conscience (actes noétiques). La thématisation husserlienne est donc à comprendre dans le cadre de l'étude de l'intentionnalité comme structure de la conscience. Cependant Husserl observe qu'en mathématiques l'activité de thématisation s'inscrit dans une ancienne et solide tradition qui considère les formes géométriques et les nombres comme un « champ objectif propre de l'idéalité apriorique[33] ».

Dans *MAF* et *PM* Cavaillès aborde la thématisation par le biais de l'interprétation qu'en fournit le développement de la mathématique abstraite ; il la présente comme la superposition de réflexions mathématiques où les opérations de chaque étage sont les objets de l'étage suivant. Généralement lesdites opérations ont préalablement subi l'épreuve de l'idéalisation ou paradigme, c'est-à-dire ont été dissociées des éléments sur lesquels elles opèrent et ont engendré une extension de leur application à des éléments quelconques ou à des éléments dits « idéaux* » parce que nés de cette extension même. « La généralisation s'actualise en idéalisation » *créant* de nouveaux objets[34]. Un exemple simple est fourni par l'ensemble *N* des nombres entiers positifs, les entiers considérés comme « donnés » ou « intuitifs ». La généralisation de l'opération de soustraction sur les éléments de *N* engendre les nombres négatifs, qui

33. *LFLT*, p. 111-112.
34. *MAF*, p. 181.

avec les entiers positifs et zéro constituent l'ensemble Z
des entiers relatifs, celle de l'opération de division sur les
éléments de Z l'ensemble Q des nombres rationnels, etc.
Poussant l'idéalisation plus loin, on conçoit d'appliquer
addition ou multiplication à d'autres *sortes* de nombres, les
entiers de Gauss* par exemple, qui ont les mêmes propriétés
arithmétiques que les entiers relatifs. Plus généralement,
on peut appliquer une opération, l'addition par exemple,
à des éléments quelconques : on accède ainsi à une *forme
d'addition*, forme détachée d'une incarnation particulière.
Puis l'intérêt se focalise sur cette forme, indifféremment
interprétable de façon additive ou multiplicative, dont on
dégage et thématise les propriétés : associativité, existence
d'un élément neutre et pour tout élément existence d'un
inverse ; on obtient les lois de la structure de groupe. Groupe
devient un objet mathématique, qui en appellera d'autres :
corps, anneau, idéal*, treillis*, etc., qui en appelleront
d'autres. Et ainsi de suite. D'où l'image, énigmatique, au
premier abord, d'une « fuite indéfinie vers le sens[35] », qui
ne peut se comprendre que dans les trois cadres conjugués
de la sémantique philosophique développée par Bolzano,
Frege, Husserl, de la sémantique formelle de Carnap
et Tarski, et de la pratique mathématique effective des
modèles* ou réalisations déterminées d'un ensemble de
propriétés : modèle géométrique des nombres complexes*
(Gauss), modèle euclidien d'une géométrie non euclidienne
(Beltrami, Poincaré), modèle algébrique de géométrie non
archimédienne* (Hilbert), etc. Il est important de noter
que la simultanéité à l'échelle d'un même siècle de ces trois
points de vue est un fait d'histoire. Encore fallait-il un esprit
philosophique pour y voir une convergence et la décliner

35. *LTS*, p. 510.

dans sa dimension multilinéaire : philosophique, logique, mathématique. Le premier, Cavaillès met remarquablement en œuvre cette convergence.

La dualité opération/objet n'épouse pas la division forme/matière ou forme/contenu. Parce qu'il n'y a pas de division, mais seulement des transformations : une forme peut devenir un contenu et ce contenu faire émerger une nouvelle forme. Dans un travail éminemment symbolique (signe et sens indissociés) comme celui du mathématicien, l'objet est intérieur à la pensée, ce qui est particulièrement illustré par l'introduction des éléments idéaux : points à l'infini de la géométrie, nombres baptisés imaginaires par Descartes et renommés complexes par Gauss, idéaux de Kummer et de Dedekind par extension des lois de la divisibilité des nombres entiers[36]. Cela n'entraîne pourtant pas que l'objet de pensée soit subordonné à la pensée. C'est plutôt le contraire, comme on le verra plus loin.

Dans *LTS*, testament philosophique de Cavaillès, thématisation et idéalisation interviennent après une première partie qui débute par un examen de ce que signifient « pouvoir » et « action » de l'entendement dans la *Critique de la raison pure*. Le schéma de la méthode d'examen est de type sémantique et se rattache donc à une ligne de pensée récemment ravivée alors par les travaux, diversement orientés, de Bolzano[37], de Frege,

36. C'est une propriété fondamentale de l'arithmétique des entiers naturels : tout entier se décompose d'une manière unique en produit de nombres premiers.

37. Il est significatif que Cavaillès cite dans *LTS* (p. 501) le *Rein analytischer Beweis* (publié en 1817, réédité en 1905, Leipzig), mémoire où Bolzano démontre qu'une fonction continue s'annule au moins une fois sur un intervalle réel dont les bornes ont des valeurs de signes opposés, et qui commence par une analyse sémantique

de Husserl, de Hilbert, de Tarski. Une fois identifiées les difficultés principales du kantisme, dans une deuxième partie Cavaillès envisage un ensemble d'enchaînements types qui manifestent le paradigme et le thématique. Et là concepts et métaphores hérités de Husserl abondent, à commencer par « sens » et « signification », suivis d'« acte », de « liaison », d'« enchaînement », de « visée », etc. Ainsi, le passage du raisonnement sur des entités dites concrètes, comme les nombres entiers positifs, aux enchaînements les plus abstraits comme ceux de la théorie des groupes d'éléments quelconques, manifeste toujours « la *même* dissociation *libératrice de sens*[38] ». Cette *même* dissociation type constitue le paradigme. Notons que l'identité indiquée n'est pas celle d'une entité, fût-ce une entité signifiée, mais celle d'une opération, la dissociation. C'est, écrit Cavaillès, le « moment de la variable », qui appelle un autre moment, celui du thématique. Celui-ci saisit le principe de création d'objets, d'*individus* nouveaux par considération des *propriétés* de schémas (paradigmes) d'opérations : la variation ne court plus longitudinalement de type d'objets en type d'objets, mais transversalement d'ensemble de propriétés en ensemble de propriétés dans l'ignorance principielle des types d'objets. Ainsi, une opération T_1 associative, ayant un élément neutre et par laquelle tout élément du domaine D associé à un inverse fait de D un groupe ; si l'opération T_1 est aussi commutative, D sera un groupe abélien ; si on ajoute sur D une relation d'ordre compatible avec T_1, il devient un groupe commutatif ordonné ; si on ne met pas de

de l'expression mathématique de la propriété de continuité (trad. Sebestik Jan, *Revue d'histoire des sciences*, vol. XVII, n° 2, avril-juin 1964, p. 129-164).

38. *LTS*, p. 509 (souligné par moi).

relation d'ordre et que l'on ajoute une deuxième opération T_2 distributive par rapport à T_1 et associative avec élément neutre, on obtient un anneau ; un anneau où T_2 admettrait pour chaque élément un inverse serait un corps, etc. Les mathématiques offrent de nombreux autres exemples de ces dissociations/associations, parmi lesquels la théorie des applications linéaires (applications qui conservent les opérations d'addition vectorielle et de multiplication par un scalaire) et la théorie des transformations topologiques (applications bicontinues[39] entre deux espaces topologiques), citées par Cavaillès car elles étaient en plein essor dans les années 1930 : pour la première mentionnons les travaux de Hilbert, de Banach, etc., qui permettent de comprendre rétrospectivement l'*Ausdehnungslehre* (1862) de Hermann Grassmann, pour la seconde les travaux d'Emmy Noether et de ses élèves, etc. Les procès longitudinal et transversal se superposent et s'enchevêtrent dans des actes contribuant indéfiniment à « la même surrection de sens ». Ce qui émerge donc et se cristallise en concepts et méthodes nouvelles appartient à la sphère du sens.

À la manière husserlienne et selon le prototype spinoziste, Cavaillès distingue sens posé et sens posant. Le sens posé se détache, dit Cavaillès, de l'acte qui le pose ; il acquiert donc une autonomie. C'est le contenu de pensée frégéen ou l'unité idéale de signification husserlienne. Maintenant, si on veut saisir comment on est passé de l'acte au sens, alors on a affaire au sens posant en tant que processus de génération

---

39. Une application f d'un espace E dans un espace F est bicontinue si f est continue et que l'application inverse f^1, de F dans E, est elle aussi continue. Une fonction f est continue si, à des variations infinitésimales de la variable x, correspondent des variations infinitésimales de la valeur $f(x)$.

du sens posé. Mais ce sens posant devient sens posé par
un autre acte. Et ainsi de suite. Il y a, dit Cavaillès, « une
sorte de retour sur soi de la pensée formelle ». Cette phrase
révèle le projet de Cavaillès de déconnecter l'opération
« retour sur soi » de l'origine que lui assignaient Hegel
d'un côté, Husserl de l'autre : la conscience. Cavaillès va
entreprendre dans la troisième partie de *LTS* un examen
serré de l'intentionnalité husserlienne. Mais dès cette
description qu'il donne du procès thématique, il avance
que la superposition enchevêtrée des sens est conditionnée
par l'effectif[40]. Dans ce contexte l'effectif n'est plus un
qualificatif de la conscience-sujet ; il est lui-même le
« sujet ». L'effectif c'est *le* mathématique en action. Ainsi
s'annonce l'esquisse du programme de philosophie proposé
en définitive dans la dernière page de *LTS*.

Et par une affinité non fortuite Cavaillès évoque
de nouveau à cet endroit du parcours de *LTS* le statut
du signe. Dans *MAF*, le signe est la matière du travail
de mathématicien : la fameuse formule de Hilbert « Au
commencement est le signe » rappelle que le signe est la
matière première et objective de l'activité mathématique.
Hilbert voulait explicitement en effet faire jouer au signe le
rôle de donnée matérielle afin de satisfaire les défenseurs
de l'intuition tels Poincaré ou Brouwer. *LTS* présente
un infléchissement de type husserlien : le signe n'est pas
antérieur mais intérieur à l'acte, il est toujours produit
d'enchaînements déjà mathématiques. En même temps
Cavaillès tient compte du tournant sémantique imprimé
par Tarski à la logique mathématique. Frege avait introduit
l'explicitation des structures syntaxiques de formation des
énoncés d'un langage formel ; Tarski développe l'analyse

40. *LTS*, p. 517.

des structures sémantiques des énoncés – en un sens bien différent de celui de Husserl. La sémantique formelle de Tarski est une logique de la vérité, au regard de la syntaxe, qui est une logique de la déduction. La sémantique formelle fait l'économie de la logique de la signification que Husserl met à la base des deux autres, et mise tout sur la notion de langage formel[41]. Elle définit la notion de vérité d'un énoncé φ d'un langage L par le truchement de la définition récursive de la notion de vérification dans un modèle M du langage L. Pour Tarski les énoncés d'un langage logique ne sont pas vides mais pourvus de sens ; simplement ils ont *a priori* une multiplicité de sens possibles. Pratiquement, le mathématicien travaille avec des langages interprétés, c'est-à-dire qu'avec un langage L sont précisés un domaine D d'individus et une fonction I d'interprétation des symboles primitifs de L dans le domaine D, le couple (D, I) constituant une réalisation R de L. Par exemple l'ensemble Z des entiers relatifs muni de l'addition est une réalisation (interprétation) de la structure abstraite de groupe additif. Si un énoncé φ de L est vrai dans R, R sera un modèle M de L.

Pour Cavaillès le sémantique tient là le rôle de l'effectif[42] : le sens posé pour un ensemble d'axiomes effectivement réalisés par un modèle connu M (Cavaillès parle de formel primaire) apparaît comme sens posant qui, par explicitation de la syntaxe des énoncés vérifiés par M, constitue un formel second, et l'on retrouve le procès thématique[43]. Comme en mathématiques informelles, il y a superposition

41. Un langage formel est constitué par la donnée de trois collections disjointes de symboles, symboles de relations, symboles de fonctions, symboles de constantes.
42. *LTS*, p. 521.
43. *LTS*, p. 517-522.

d'actes de *même* type et de *même* ordre, qui s'étagent sans que l'on puisse s'arrêter ni régresser en disant « voilà *la base* de toute formalisation ».

Cavaillès voit dans la sémantique formelle de Tarski un indice important de ce que le procès *logique* de formalisation, c'est-à-dire de détermination de la syntaxe et de la sémantique des énoncés d'un système axiomatique, n'est pas différent du procès *mathématique* de formalisation qui s'accomplit directement sur les contenus, sur le sens, sans nécessairement franchir l'étape de l'expression dans un *langage formalisé*. Autrement dit, la formalisation est mathématique, tout simplement parce que la logique est devenue logique mathématique ; elle ne peut donc servir de prétexte à présenter la logique comme base des mathématiques, donc comme la/une théorie des enchaînements rationnels, une théorie de la science. La logique perd donc le privilège que lui avaient donné les logicistes, Frege, Russell, Carnap, qui croyaient pouvoir réduire les mathématiques à la logique. De même est ébranlé ou annulé le projet de Husserl, qui voulait établir la « doctrine dernière de la science, [...] doctrine des principes et des normes de *toutes* les sciences » que la logique est censée fournir une fois pour toutes. Plus généralement même, chercher le fondement des mathématiques, dans la logique ou dans un point de départ empirique où, selon Husserl, la logique elle-même a ses racines, c'est chercher une chimère. Canguilhem l'a fort bien vu, Cavaillès « a assigné ses limites à l'entreprise phénoménologique avant même qu'elle eût exhibé, en France même, c'est-à-dire avec un retard certain, ses ambitions illimitées[44] ».

44. « Mort de l'homme ou épuisement du cogito ? », *Critique*, n° 242, 1967, p. 616-617.

Mais alors, et c'est un pas de plus, si les principes effectifs de la pensée rationnelle sont à trouver dans les manières différenciées et entrecroisées qu'ont les mathématiques de sans cesse forger du sens, il n'y a pas de théorie générale de la science. En tout cas, les mathématiques s'en passent parce qu'elles engendrent, de l'intérieur, une métamathématique, ou théorie des propriétés des théories mathématiques formalisées : théorie hilbertienne de la démonstration et sémantique formelle de Tarski. Et cette métamathématique est elle-même mathématiquement opérante en ce sens qu'une propriété métamathématique peut servir à prévoir et démontrer systématiquement une propriété mathématique en économisant de longs calculs ou des raisonnements géométriques complexes. Par exemple la complétude* logique d'une théorie mathématique entraîne que tout énoncé du premier ordre[45] vrai dans un modèle de la théorie est vrai dans n'importe quel modèle de ladite théorie. Concrètement par exemple, aussi surprenant que cela puisse paraître, un énoncé du premier ordre vérifié par la théorie des nombres réels* est déjà vérifié par la théorie des nombres réels algébriques*, c'est-à-dire des nombres réels qui sont des racines de polynômes à coefficients rationnels ; or l'ensemble infini dénombrable de ces nombres est strictement inclus dans l'ensemble infini non dénombrable des réels, qui comprennent, en plus, les transcendants, tel π. La conséquence mathématique importante est que de nombreux théorèmes dont la démonstration faisait intervenir des fonctions continues de variables réelles demeurent

---

45. Un énoncé du premier ordre est un énoncé du calcul des prédicats du premier ordre, c'est-à-dire admettant la quantification de variables d'individus uniquement : propriétés et sous-ensembles ne peuvent y être quantifiés.

valables en l'absence de l'hypothèse de continuité[46]. La propriété métamathématique de complétude a donc une importante contrepartie mathématique.

46. Pour davantage de précisions, voir mon ouvrage *Corps et modèles. Essai sur l'histoire de l'algèbre réelle*, Paris, Vrin, 1991, 2e éd., 1999.

V

L'intentionnalité husserlienne

Les structures de l'expérience, généralisation par idéalisation et thématisation, ont mis en évidence la corrélation entre acte mathématique et signe/sens mathématique. Dans la phénoménologie de Husserl cette corrélation est fondamentale et prend le nom d'« intentionnalité ». La théorie de l'arc intentionnel est une alternative à l'entreprise hégélienne de surmonter l'extériorité kantienne de l'« objet » empirique, en fait pure « rhapsodie du divers », en *objet d'expérience* et de connaissance. C'est une nouvelle méthode pour traiter le problème traditionnel de *fondation philosophique* de l'objectivité scientifique. Bien que *MAF* ait résolu ce problème du fondement par la négative : « Il n'y a pas de définition et de justification d'objets mathématiques qui ne soient les mathématiques mêmes[1] », et envisagé le progrès

1. *OC*, p. 185.

mathématique comme une dialectique interne à l'expérience mathématique, qui n'est pas ou pas prioritairement une expérience de la conscience, Cavaillès reprend l'examen de la théorie de Husserl et lui consacre trente-quatre pages sur les soixante-dix-huit de *LTS*.

Avant d'y venir, résumons les dernières pages de *MAF* : Cavaillès y propose un formalisme modifié tel que l'expérience soit identique à la connaissance, que l'objectivité de la connaissance soit assurée par « l'indépendance dialectique de l'expérience par rapport à son actualisation dans une conscience individuelle ou dans un procédé donné », et qu'axiomatisation et formalisation soient des « moments d'une dialectique créatrice » et non plus des « uniformes obligatoires ».

Hegel est très présent, comme on peut le constater, mais la dialectique n'est pas celle d'une conscience. L'idée de création, venue aussi bien des textes de Dedekind et du statut donné par Hilbert aux éléments idéaux[2] que de l'« activité créatrice du concept » de Hegel, est rapportée non à l'esprit mais au mouvement objectif de l'expérience tel que l'attestent les procédures mathématiques collectives. L'expérience est la pensée en acte, mais nous ne pouvons l'atteindre et l'analyser que par ses productions, telle est l'orientation que va confirmer *LTS*.

La logique transcendantale

Edmund Husserl (1859-1938) a d'abord étudié les mathématiques à Berlin avec Karl Weierstrass (1815-1897)

---

2. « Sur l'infini », trad. Largeault Jean, *Logique mathématique. Textes, op. cit.*, p. 231.

et Leopold Kronecker (1823-1891). Après avoir soutenu à Vienne une thèse sur le calcul des variations, il devient l'assistant de Karl Weierstrass. Il revient bientôt à Vienne et se met à la philosophie avec Franz Brentano (1838-1917). Premières publications : *Philosophie de l'arithmétique* (1891), *Les Recherches logiques* (1900-1901). De 1901 à 1906, Husserl est professeur à Göttingen. Il est alors en contact avec David Hilbert (1862-1943), qui l'invite à faire un exposé devant la Société de mathématiques. Husserl intègre les méthodes abstraites promues par Hilbert à sa réflexion philosophique, qui va se constituer en phénoménologie. En 1911 il publie *La Philosophie comme science rigoureuse*, qui prend le contre-pied du naturalisme et de l'historicisme ambiants, en 1913 les *Idées directrices pour une phénoménologie*, qui présentent clairement son programme, en 1929 *Logique formelle et Logique transcendantale. Essai d'une critique de la raison logique*, dont le projet est d'expliciter et d'élucider « *le sens authentique d'une logique comme théorie de la science*[3] ». Cette même année 1929, Husserl donne des conférences à la Sorbonne, que Cavaillès va écouter, et dont une version française est publiée deux ans plus tard sous le titre de *Méditations cartésiennes*. La lettre à Étienne Borne du 10 août 1931 montre un Cavaillès curieux des subtilités et des promesses de la pensée de Husserl. Dans une lettre à ses parents[4], il déclare qu'il souhaite connaître suffisamment Husserl dans ses œuvres avant d'aller lui parler. La rencontre, en août 1931, le déçoit, et il reconnaît que les thèses de Husserl sont très éloignées de la perspective d'épistémologie historique à laquelle l'enseignement de Léon Brunschvicg

3. Souligné par Husserl.
4. G.F., p. 81.

l'a formé. Cela ne l'empêche pourtant pas de les examiner minutieusement : *LTS* reproduit en traduction française des passages extraits des versions allemandes originales de *Logique formelle et Logique transcendantale*, de *Idées directrices pour une phénoménologie*, de *La Crise des sciences européennes et la phénoménologie transcendantale*, la *Krisis* selon l'abréviation usuelle, publiée en 1936. Cavaillès l'a reconnu, c'est contre Husserl qu'il tâche de se définir, mais pour ce faire il ne s'est pas épargné la peine de l'étudier.

En connaisseur de l'œuvre mathématique et logique de Hilbert, Cavaillès manifeste naturellement un grand intérêt pour le phénoménologue familier des méthodes hilbertiennes et dont le concept fondamental, l'intentionnalité, apporte une solution au dualisme kantien de l'objet et du sujet par l'intermédiation du contenu ou unité idéale de sens. La mathématique n'a pas affaire à des objets du monde extérieur mais à des unités idéales de sens. Sens et objet y sont d'ailleurs mutuellement substituables. Cavaillès établit entre eux, en effet, une sorte de synonymie ou d'équivalence, manifeste dans *LTS* mais aussi dans d'autres textes, par exemple très clairement dans la lettre à Albert Lautman du 12 décembre 1938, où il propose comme titre de leur exposé commun à la Société française de philosophie : « Remarques sur l'objet (ou le sens) de la connaissance mathématique »[5]. Du reste, à Étienne Borne Cavaillès confie qu'il cherche à mettre en application certains aperçus de *Logique formelle et Logique transcendantale* pour répondre à la question qui l'occupe et qui porte sur la nature et le développement des mathématiques. Ce projet est mis à exécution dans *LTS*, et l'on comprend que Cavaillès n'applique pas le même

5. *LAB*, p. 126.

traitement à Hegel, celui-ci ayant exclu la mathématique de la pensée effective.

En tant qu'elle explicite la formation et le statut des objets idéaux, la phénoménologie se veut une « science eidétique » ou science des *eidè*, terme qui désigne originairement les formes intelligibles de Platon. Les *eidè* de Husserl sont bien des essences, mais elles n'ont pas une réalité séparée ; elles sont l'unité de sens des objets, matériels ou idéaux, qui se constitue dans la visée intentionnelle. L'essence c'est le sens, qui n'est ni d'un seul bloc ni constitué définitivement, mais demeure le pôle de visées multiples. Les permanences signifiantes ne sont pas figées dans l'immobilité de l'en-soi, mais se déploient dans une « structure d'horizon », ligne à l'infini du plan des actualisations de sens. Néanmoins la téléologie intentionnelle tend à la validation par la *donation* intuitive d'objet *préexistant à la visée*.

Cavaillès ne pouvait faire l'économie d'une séquence husserlienne, examen de ce que le phénoménologue apporte de radicalement nouveau par rapport à Kant, resté la référence de la plupart des mathématiciens[6]. C'est un détour, mais un détour indispensable et important, comme l'indique bien le titre de *LTS*, donné par les éditeurs. Ce titre correspond en effet au thème central de *Logique formelle et Logique transcendantale* de Husserl, qui est aussi la cible centrale de l'analyse minutieuse et de la critique finale de Cavaillès. Cible qui se profile dès le départ et à travers tout l'opuscule par des incursions de longueur variable dans Kant, Bolzano, Carnap, Tarski, et des allusions à Leibniz,

---

6. Hermann Weyl (1885-1955) fut une remarquable exception. Husserl et lui se rencontrent à Göttingen, et le philosophe se félicite de l'orientation intuitionniste du mathématicien. Cavaillès relève ce fait dans *LTS*, p. 497.

à Frege, à Dedekind, à Hilbert, à Brouwer, à Brunschvicg, avant d'occuper toute la troisième partie, hormis la toute dernière page, qui propose en une phrase le programme de philosophie du concept. Cette partie de *LTS*, consacrée à l'examen de Husserl, est certainement la plus difficile, du fait même de la difficulté de la pensée de Husserl, pensée multilinéaire et étagée en couches distinctes de niveaux distincts, et du fait que, dans l'urgence où se trouve Cavaillès, rédigeant ce testament philosophique au camp de Saint-Paul-d'Eyjeaux, en clandestinité et à la prison de Fresnes, il ne peut plus surseoir à la nécessité de se mesurer affirmativement à Kant et à Husserl en proposant un programme propre. Ses analyses sont ici encore plus condensées qu'ailleurs, et la frontière n'est pas toujours facile à tracer entre ce qu'il attribue à Husserl et ce que, par effractions et incises, il introduit de sa propre perspective. Malgré les tours abrupts ou sibyllins, ce qui frappe dans cette troisième partie, qui à elle seule constitue près de la moitié de l'ouvrage, c'est que Cavaillès y présente en un exposé suivi, et empathique jusqu'à un certain point, les thèses essentielles de *Logique formelle et Logique transcendantale*, puis montre distance et réserve sur certains points de la *Krisis*, avant d'énoncer son verdict final. Dès 1941, Cavaillès avait déclaré dans une lettre à Brunschvicg, réfugié à Aix-en-Provence, son opposition à la logique transcendantale, celle de Husserl tout spécialement, et au rôle, « exorbitant » selon lui, donné au *cogito*[7].

Logique formelle et Logique transcendantale fait un double usage du terme « sens ». En effet, d'un côté, comme je l'ai déjà signalé, « sens » rejoint le terrain objectif des « propositions en soi » de Bolzano et des « contenus

---

7. G.F., p. 158.

conceptuels » de Frege. C'est le sens en soi, objet d'une logique du sens qui, selon Husserl, ne conduit pas encore à quitter le terrain des sciences en leur positivité pour celui de la compréhension du « sens-d'être » (mode d'existence) de ce dont elles parlent. D'un autre côté il y a le sens pour nous, qui, selon Husserl, loin de renvoyer à la psychologie, concerne la logique elle-même, non en tant que science positive (effectuée) des principes et des normes de toute science (*mathesis universalis* au sens leibnizien), mais en tant que « fonction », c'est-à-dire opérateur de l'« intérêt purement théorique » qui thématise *l'acte effectuant* la connaissance : logique non plus simplement formelle, mais transcendantale, grâce à laquelle la connaissance prend connaissance de soi, se comprend elle-même et coiffe les sciences par l'élucidation, qui est simultanément constitution[8], du sens « authentique » de leurs concepts fondamentaux. Il s'agit bien d'une logique du sujet connaissant, orientée non sur les problèmes psychologiques, mais sur les structures de la subjectivité transcendantale ouverte aux objets.

8. Cela veut dire que la logique transcendantale n'a pas pour tâche d'explorer un sens déjà donné dans la positivité des sciences, mais de montrer, au-delà des positivités, le sens présupposé et non thématisé enveloppé dans leurs concepts. Développant une remarque de Paul Ricœur reproduite dans *À l'école de la phénoménologie*, Paris, Vrin, 1986, p. 15, Dominique Pradelle (*Par-delà la révolution copernicienne*, Paris, PUF, 2012) insiste sur le fait que cette constitution n'est pas une création : l'objet, chose ou concept, demeure le « guide transcendantal » pour la reconnaissance des règles de sa constitution (règles d'élucidation de son sens) ; ainsi est sauvegardée une légalité objective au sein même de la subjectivité. Ricœur relève toutefois l'usage du terme « création » dans les *Ideen* I, § 122.

Mais la logique transcendantale, subjective, s'interpose entre la logique objective et l'ontologie. Cela était déjà vrai pour Kant[9]. Rejeter la logique transcendantale conduit donc à reconsidérer le lien entre logique et ontologie. Par « ontologie » il faut comprendre « théorie de l'objet », sans les connotations métaphysiques traditionnellement associées à l'expression. Et cela chez Husserl comme ensuite chez Cavaillès. Tournons-nous donc du côté de l'objet centré en lui-même.

De la théorie de la science à l'ontologie

Un point important est le lien insuffisamment explicité que fait *LTS* entre Bolzano et Hilbert. Qu'est-ce donc qui relie Hilbert à Bolzano ? Une étude de ce qu'est et doit être la démonstration, mode de validation des énoncés mathématiques.

Bolzano, sur lequel Husserl a attiré l'attention philosophique dans ses *Recherches logiques*, a mis l'accent sur la démonstration en tant qu'« âme de la science[10] ». Dedekind et Frege firent de même, soulignant les failles du raisonnement reposant sur une intuition non contrôlée et précisant, l'un par son versant axiomatique, l'autre par le versant logique, l'organisation d'une théorie déductive.

---

9. *LTS*, p. 492.
10. Cette expression par laquelle Cavaillès exprime que la structure de la science n'est ni antérieure ni extérieure à la science, mais dans le corps même de la science, est présente chez Hegel, notamment dans l'*Encyclopédie*, I, p. 189, ou dans les *Leçons sur la logique 1831*, traduction BUÉE Jean-Michel et WITTMANN David, Paris, Vrin, 2007, p. 203 : « La méthode est l'âme, l'activité vivante du matériau lui-même. »

Poursuivant cette entreprise de *critique* de la science, et sous la pression des mathématiciens qui continuent à prêter à l'intuition un rôle nécessaire (Kronecker), ou fondateur (Brouwer), ou heuristique (Poincaré), Hilbert constitue, sur un plan « métamathématique », une « théorie de la démonstration » (*Beweistheorie*) qui considère simultanément la logique et les mathématiques, la déduction et le calcul arithmétique[11]. Il s'agit de regarder la démonstration non comme moyen mais elle-même comme objet mathématique d'un métaniveau, plus précisément comme suite finie de formules d'un langage (système) formel défini, et de préciser les règles syntaxiques qui permettent de mécaniser la reconnaissance de la vérité ou fausseté de la formule finale de ladite suite aussi sûrement que l'on sait que $1 = 1$ est vrai et $1 = 0$ faux. Ainsi, Cavaillès peut écrire que de la théorie de la science (Bolzano, Husserl) on est passé à la théorie de la démonstration (Hilbert). Celle-ci montre deux choses : 1) l'intégration aux mathématiques de questions posées antérieurement de l'extérieur des mathématiques ; 2) l'impossibilité de s'en tenir à une « pure » logique, l'arithmétique élémentaire s'invitant dès le niveau le plus fondamental de construction de la théorie. Le logicisme est condamné, et il apparaît que la démonstration mathématique comporte des ingrédients qui la rendent irréductible à la déduction purement logique.

Mais la théorie de la démonstration a débouché sur une ontologie, théorie des objets censés *fonder* les significations. L'ontologie concerne aussi bien les propositions et notions

---

11. Hilbert institue la métamathématique comme théorie de la démonstration. Cette perspective syntaxique, axée sur le démontré, est complétée par la perspective sémantique de Tarski, axée sur le vrai.

en soi de Bolzano[12] que les contenus conceptuels de Frege, que les signes de la métamathématique de Hilbert et que les unités idéales de signification de Husserl.

Selon Husserl, la logique se dédouble en apophantique* formelle ou théorie du jugement et ontologie formelle ou modes formels de l'objet quelconque (substrat, propriété, relation, espèce) entrant dans un jugement et correspondant aux structures syntaxiques du jugement. La thèse de Husserl est la correspondance, la « solidarité effective » entre apophantique formelle et ontologie formelle, tout objet ou relation formelle entre objets étant exprimé par un jugement. Cavaillès souligne à la fois l'indépendance réciproque des enchaînements rationnels et des objets visés par ces jugements et leur unification dans la corrélation entre actes noétiques et contenus noématiques. Il entend bien que l'ontologie formelle et l'apophantique formelle représentent les deux faces de l'infrastructure de la science, la première déterminant les catégories les plus générales d'objet, la seconde les formes des sens superposés, « dans l'enchaînement desquels l'objet en général est poursuivi », comme il l'écrit dans son explication des textes compliqués qu'il nous met sous les yeux.

Certes, poursuit-il, « la nécessité est partout présente et fondée parce qu'elle est unique », descendant de la

---

12. Au rebours de l'interprétation première et générale, Jocelyn Benoist conteste l'idée que la théorie bolzanienne des propositions et notions en soi constitue une ontologie formelle au sens propre, qui est celui d'une théorie qui accorde une espèce de réalité à la forme, étant entendu qu'une forme est toujours corrélative d'un acte de pensée. Selon J. Benoist, Bolzano soutient un réalisme absolu où l'ordre du quelque chose en général dépasse l'ordre du pensable, alors que l'ontologie classique est fondée sur l'équation des deux. *Entre acte et sens*, Paris, Vrin, 2002, chapitre II.

logique jusqu'à la physique, celle-ci étant conçue plutôt comme terrain d'application des théories mathématiques que comme terrain de naissance de problèmes. Mais c'est l'intentionnalité de la conscience qui noue unitairement la dualité de l'objet visé (instance de la région des noèmes) et l'acte de conscience qui le vise (instance de l'activité noétique). C'est l'expérience originaire de conscience qui accomplit et illumine les différents niveaux et couches de constitution de l'objet et du sens. Contrairement à Kant, qui conservait à la logique une autonomie par rapport à la critique, Husserl conçoit la logique transcendantale comme une synthèse ultime entre logique et conscience. Husserl soutient en effet que Kant a restreint la perspective transcendantale au monde réel et aux sciences de la nature, laissant la logique formelle en repos dans sa positivité. Mais les développements logique et mathématique ont conduit à mettre en lumière le monde des objectités[13] idéales. Il faut donc étendre la perspective transcendantale au monde des idéalités logico-mathématiques : la logique doit se retourner vers la conscience qui constitue ces idéalités, pour comprendre enfin « *comment des objectités idéales* qui prennent naissance dans nos activités subjectives de jugement et de connaissance sont présentes *originaliter* dans notre champ de conscience en tant que formations de notre spontanéité, comment elles acquièrent le *sens- d'être d'« objets »*, d'objets qui existent en soi en face de la contingence des actes et des sujets. Comment ce sens se

---

13. « Objectité » traduit *Gegenständlichkeit*, Husserl utilisant *Objektivität* pour « objectivité ». Une objectité peut être aussi bien une formation catégoriale (telle une collection, une relation, une proposition comme « cette table est blanche », etc.) qu'un objet existant dans le monde extérieur. Les objectités idéales ne sont autres que les unités idéales de signification rencontrées plus haut.

« fait-il, [...] d'où devons-nous le tenir si ce n'est de notre propre effectuation constitutive du sens[14] ? ».

Et c'est ainsi que la considération d'une logique des contenus de pensée (ontologie formelle) nous ramène, selon Husserl, à la constitution transcendantale de ces contenus. La prise en considération des objets abstraits de la logique et des mathématiques nous ramène donc à la conscience, qui en est, selon Husserl, la source et le fondement. Cavaillès en fait le constat : « Dans une philosophie de la conscience la logique est transcendantale ou elle n'est pas[15]. » Et que la constitution transcendantale sauvegarde la légalité objective, comme le soulignent les spécialistes de Husserl, n'empêche absolument pas la phénoménologie d'être essentiellement, selon Husserl, explicitation des visées de conscience dirigées vers l'objet, c'est-à-dire une téléologie de la conscience : le sens de l'objet est sens-pour-moi et sens-en-moi. Ainsi, paradoxalement aux yeux de Cavaillès, la logique subjective fonde la logique objective, réunion de la théorie des jugements (apophantique) et de la théorie des objets (ontologie). Comme le relève Cavaillès, Husserl conjoint logicisme et théorie de la conscience ; or ce sont deux aspects cardinaux que lui rejette ; sans parler des autres rejets : rejet du point de départ radical ou de l'« avant-commencement » comme l'appelle Ricœur, de la perspective fondationnelle avec son obsession de la base une et ultime, de l'ancrage de l'activité catégoriale dans les « choses mêmes », et, plus généralement, de toute la « machinerie transcendantale ».

Ce rejet n'est pas *a priori*. Il découle d'une analyse plus poussée (*LTS*, p. 540-559) de la structure feuilletée de tout

14. *LFLT*, p. 351-352.
15. *LTS*, p. 492.

ce qu'éclaire la phénoménologie. Le présupposé premier de celle-ci est d'affirmer non seulement que toute conscience est conscience d'objet mais surtout que toute conscience d'objet est en même temps prise de conscience de soi. Il y a « auto-explicitation de la subjectivité prenant conscience de ses fonctions transcendantales », écrit Husserl[16]. C'est une solution au paradoxe kantien de l'aperception transcendantale, qui conditionne la connaissance objective mais n'est pas connaissance de soi. Husserl supprime la présupposition kantienne de l'antériorité des structures *a priori* du sujet transcendantal, en tant que sensibilité (formes *a priori* de l'espace et du temps), imagination, entendement (concepts purs ou catégories) et raison (idées régulatrices) par rapport à l'activité transcendantale. Selon Husserl, l'activité transcendantale constitue *en même temps* les structures d'objet *et* les structures de sujet. C'est cela la structure intentionnelle de la conscience. Accès indivisible au monde et à elle-même, la conscience est plus radicalement privilégiée que chez Kant. La conscience transcendantale non seulement constitue la forme de l'objectivité, mais elle constitue aussi elle-même la relation d'altérité à l'objet sous la forme de *noème*.

C'est en ce sens que Cavaillès peut écrire que pour Husserl « aucun contenu mais seule la conscience a l'autorité de se poser en soi » – alors que la conscience kantienne n'était que le filtre par lequel les choses deviennent objets. Cavaillès repose alors la question laissée en suspens par Husserl dans *LFLT* : quel lien nécessaire unit la logique formelle constituée, avec ses deux branches, ontologie et apophantique, à la logique transcendantale constituante ? Il y voit un dilemme : si la logique transcendantale est

---

16. *LFLT*, p. 364.

absolument fondatrice, elle fonde aussi la logique, dont les normes sont alors dérivées et non pas premières. Et si on comprend la logique comme pouvoir de normes ultimes et nécessaires, alors elle n'est pas transcendantale.

Ce célèbre dilemme, aux yeux de Cavaillès fondamental pour une philosophie de la conscience, présuppose en fait chez lui le refus de subordonner la logique à l'autorité d'une conscience transcendantale. Ce refus persisterait même devant l'objection justifiée[17] que le dilemme n'existe pas pour Husserl, car le sujet transcendantal husserlien n'est pas *créateur* de normes mais lui-même régulé par les normes universelles qu'il explicite et dont les normes logiques ne sont qu'un sous-ensemble. En fait c'est le projet même de logique transcendantale que refuse Cavaillès en tant que mixte de logique et de subjectivité. La critique adressée à Husserl se veut interne. Les termes « absolu » et « fondateur » utilisés par Cavaillès caractérisent le projet de Husserl, non celui de Cavaillès. Pour Cavaillès, en effet, la logique n'est ni absolue ni fondatrice. D'une part les acquis du début du xxᵉ siècle ont montré qu'il n'y a pas *une* mais *plusieurs* logiques : logique aristotélicienne bivalente dans laquelle toute proposition est soit vraie soit fausse (*tertium non datur* : le tiers est exclu), logique trivalente de Lukasiewicz conçue pour traiter le cas des futurs contingents, logique trivalente intuitionniste qui n'admet la validité universelle ni du tiers

---

17. Adressée par D. Pradelle dans son ouvrage cité *supra*. D. Pradelle a mis le doigt sur ce qui sépare Cavaillès de Husserl : en effet, pour le premier, qui récuse la problématique traditionnelle de la *représentation* d'objet dans la conscience, il y a *production* du sens, quand le second conçoit la constitution justement comme l'« acte de *rendre représentable l'objet* ». De fait le dilemme de Cavaillès a conduit les husserliens à préciser le sens de la constitution husserlienne.

exclu[18] ni de la loi de double négation[19]. D'autre part, la
sémantique formelle de Tarski, mathématiquement parlant,
substitue à la notion de vérité absolue celle de vérité dans
un modèle, c'est-à-dire vérité relative à un langage et à la
fonction d'interprétation de ses symboles primitifs dans
un domaine d'individus déterminé. Si la logique fournit
bien à chaque fois un cadre syntaxique d'expression pour
tel ensemble de propositions mathématiques, ce sont
les opérations et procédés proprement mathématiques
qui remplissent effectivement (interprètent) ce cadre en
lui préexistant d'ailleurs de manière informelle dans la
pratique mathématique effective. Tenant compte de ces
résultats, et d'autres encore, Cavaillès conclut : inutile de

18. Admettre le tiers exclu signifie que pour une proposition A
donnée l'on peut toujours prouver A ou prouver sa négation $\neg A$.
Mais il arrive qu'une proposition A d'une théorie* axiomatique
(formalisée) T est telle que l'on ne puisse prouver par les moyens
de T ni A ni $\neg A$; on dit alors que A est indécidable dans T : c'est
le cas du postulat des parallèles dans la géométrie euclidienne.
Une théorie mathématique pour laquelle toute proposition A est
décidable est dite complète, sinon elle est dite incomplète. Gödel
a démontré en 1931 l'incomplétude de l'arithmétique élémentaire.
Beaucoup d'autres théories mathématiques sont incomplètes (théorie
des groupes, des anneaux…).
19. Admettre la loi de double négation c'est admettre l'équivalence
logique entre A et $\neg\neg A$. L'intuitionnisme accepte que A implique
logiquement $\neg\neg A$, c'est-à-dire que si A est vraie alors A est non
contradictoire. Mais si A est non contradictoire il ne s'ensuit
pas logiquement que A soit vraie, c'est-à-dire $\neg\neg A$ n'implique
pas logiquement A. Exemple : un nombre réel est rationnel si et
seulement si on peut trouver deux nombres entiers tels que $x = a/b$.
Prenons pour A la proposition « x est rationnel ». $\neg A$ signifiera que
x est irrationnel, $\neg\neg A$ signifiera qu'il est contradictoire que x soit
irrationnel. Cela *ne suffit pas* pour trouver effectivement deux entiers
a et b tels que $x = a/b$.

chercher une base immobile, unique et invariable, que l'on veuille comme les logicistes que cette base soit fournie par la logique ou que l'on considère que cette base est, d'une manière ou d'une autre, empirique. Ni logicisme, ni empirisme donc : il n'y a pas d'objets absolument premiers, la référence à l'objet mathématique est toujours prise dans un processus de superposition d'enchaînements qui thématisent en objets nouveaux les opérations sur des objets antérieurement définis[20].

En définitive, à prendre à la lettre la leçon de Husserl selon laquelle l'objet est un guide dans l'explicitation des structures intentionnelles, alors l'objet mathématique, que Cavaillès isole dans sa spécificité et dans sa matérialité, nous invite à rejeter à la fois l'autorité de la conscience et l'autorité de la logique. On peut donc dire que Cavaillès a interprété l'idée husserlienne de prendre l'objet pour guide, sur un plan qu'il voulait non transcendantal mais effectif, dans le sens de l'élaboration d'une perspective de philosophie de la pratique mathématique. On aperçoit ici jusqu'à quel point Cavaillès a accompagné Husserl, avant de bifurquer vers l'affirmation de l'autonomie du développement mathématique. On aperçoit aussi combien ont pesé dans ses décisions philosophiques les résultats mathématiques et logiques alors nouveaux.

Des objectités catégoriales à l'individu empirique

Après avoir récusé la possibilité d'une *logique* transcendantale, Cavaillès met en doute le statut et le pouvoir d'une *conscience* transcendantale. Sur ce point Cavaillès prend une

20. *LTS*, p. 521.

distance encore plus grande à l'égard de Husserl. Il pense que la réduction transcendantale, l'*épokhè*, suspension du jugement quant à la réalité du monde, atténue sans les annuler l'empirisme logique et le psychologisme sous-jacents à l'attitude phénoménologique. Toute la superstructure phénoménologique ne transforme en rien le monde réel, qui a et conserve ses structures propres. Certes les choses ne sont pas en soi, mais fondées comme réalités dans l'intentionnalité de la conscience. Mais l'intentionnalité est structurée en couches superposées, le niveau primitif étant constitué par des actes de perception dirigés vers le « corps charnel des choses ». L'*épokhè* enracine au niveau fondamental d'une donation originaire dans un *cogito* transcendantal les constructions de la science. La perception est première : « Tout commence par elle et tout aboutit à elle[21]. » Le diagnostic est abrupt mais juste ; et ce n'est pas un hasard si le primat de la perception a été peu après mis en valeur par Maurice Merleau-Ponty, qui a privilégié l'enquête sur le « monde de la vie » (*die Lebenswelt*) à l'enquête sur le monde de la science[22].

Husserl a procédé par retouches successives qui rendent son œuvre très complexe et susceptible d'être développée dans des directions différentes. Il est clair cependant que celle-ci oscille entre deux pôles, celui de la constitution idéaliste des objectités catégoriales et celui des données immédiates. D'un côté, l'unité de sens est constituée dans la conscience transcendantale, de l'autre, il faut aller « aux

21. *LTS*, p. 549.
22. La *Phénoménologie de la perception* fut publiée en 1945. L'auteur y développe l'idée que la perception ne livre pas un fait brut, mais advient dans un « horizon de sens », et défend néanmoins le primat de la perception, qui fournit le sol préalable à toute conceptualisation ; la science est une « expression seconde » de l'expérience du monde. Seconde certes, mais pas secondaire !

choses mêmes », « amener, comme dit Husserl, les actions syntaxiques (catégoriales) au contact du caractère originel des choses elles-mêmes »[23] : l'intuition catégoriale est construite sur l'intuition simple ou perception sensible, la connaissance bâtie sur l'expérience antéprédicative. Selon Cavaillès, à travers les synthèses catégoriales « le seul objet dont l'être soit *irrévocablement* posé [est] l'individu dans le monde réel[24] ». Cavaillès ne met pas en question, *d'une manière générale*, le lien entre le monde réel perçu, ressenti, maîtrisé, refaçonné par l'individu ; il conteste la *pertinence* de la perception, de la sensibilité affective, de la technique, bref de tout ce qui constitue le monde de la vie (*die Lebenswelt*), pour *comprendre, en elles-mêmes*, les connexions des concepts et méthodes mathématiques indépendamment de leurs applications. Et ce n'est pas que la division mathématiques pures/mathématiques appliquées soit réelle, mais c'est une distinction de raison.

Négliger cette distinction c'est poser l'être avant la science, thèse que Cavaillès ne peut accepter, ayant décidé de scruter l'être de la science en tant que science, ou plus exactement l'être des mathématiques isolées de leurs liens avec d'autres sciences et de leurs liens avec le monde empirique. En mathématiques l'être c'est du connaître. De certains passages de la *Krisis*, Cavaillès relève ce qu'il appelle le « glissement vers l'intuition du vital ». À savoir que la physique apparaît comme un art de prévoir au service de la technologie industrielle, dédiée au service de la vie et qui serait le moteur de ses progrès, les mathématiques venant, par-dessus le marché, apporter leur perspective idéalisante qui permet de séparer l'intrinsèque de l'accidentel et de

23. *LFLT*, p. 264.
24. *LTS*, p. 551, c'est moi qui souligne.

l'adventice. Les mathématiques seraient l'instrument de relations exactes vers lesquelles convergent indéfiniment les relations réelles. Ici Cavaillès apporte deux précisions.

a) Sur la prévision, Cavaillès rectifie en une phrase qui rappelle sa définition de l'expérience dans *PM* : « La dialectique de la prévision est celle de l'action réglée », dont le rythme et la durée sont indépendants de ceux de la conscience ; et cette dialectique « suppose le mouvement comme irréductible ». Il avance donc là en faveur de la prévision en sciences physiques et contre Husserl une des thèses caractéristiques de sa conception du développement mathématique que j'expliciterai plus loin : autonomie et temporalité propre. De plus si les mathématiques ne sont qu'un instrument pour la physique, la technique et, finalement, le monde réel, alors elles n'ont pas de contenu propre de connaissance. C'est ce que soutient l'empirisme logique, et Cavaillès reproche à Husserl de rejoindre ce dernier en opérant une espèce de court-circuit de l'ontologie formelle à la connaissance empirique : les entités catégoriales apparaissent sous le jour d'un appareillage technique destiné à laisser la place à des énoncés portant sur des êtres réels. Ainsi est négligé ce que Cavaillès a décidé d'envisager frontalement : la cohésion et le mouvement propres des enchaînements mathématiques considérés pour eux-mêmes et en eux-mêmes, c'est-à-dire indépendamment de leurs liens tenus pour *fondateurs* en amont avec la logique, en aval avec la physique, et indépendamment de leur lien à une conscience *constituante*. Donc ni logique, ni empirique, ni conscience, ni fondation, ni constitution. Le projet de Cavaillès diffère donc *d'emblée* de celui de Husserl, et l'on comprend que Cavaillès écrive à ses parents que c'est contre Husserl qu'il essaie de se définir. Par-delà Husserl c'est de Bolzano qu'il se pense proche, car avec Bolzano la science a cessé d'être « considérée comme simple intermédiaire entre l'esprit humain et l'être en soi » pour apparaître comme « un objet *sui generis*, original dans son essence, autonome dans son mouvement ». En particulier, la science « ne se situe pas dans l'univers des objets culturels caractérisés par la participation à une valeur qu'ils manifestent »[25].

Pour comprendre et la distance que Cavaillès met entre lui et Husserl, et son penchant récurrent au spinozisme, on peut s'aider, par analogie, d'un témoignage de Jean-Toussaint Desanti. Élève de Cavaillès à l'ENS, et probablement sous son influence, conjuguée à celle de Brunschvicg, Desanti « s'installe » d'abord dans le spinozisme. Puis, en 1935, Maurice Merleau-Ponty succède à Cavaillès comme « caïman » à l'ENS et initie Desanti à la phénoménologie. Plus tard, à propos de l'ouvrage posthume de Cavaillès, paru en 1947, Merleau-Ponty déclare à Desanti : « Je ne crois pas possible une philosophie du concept, mais seulement une philosophie de l'*accès au concept*[26]. » L'écart marqué par Merleau-Ponty par rapport à Cavaillès est celui-là même de Cavaillès par rapport à la phénoménologie de Husserl. Cavaillès ne raisonne pas en termes d'accès parce qu'il n'y a pour lui, comme pour Spinoza, pas d'hiatus entre être et connaître, entre la vérité et sa reconnaissance.

b) En ce qui concerne les mathématiques, Cavaillès veut clarifier le statut de l'axiomatique sur lequel Husserl ainsi que nombre de mathématiciens ou philosophes du début du xxᵉ siècle, et Hilbert lui-même, se sont mépris en imaginant que toute théorie axiomatisée est complète

---

25. *LTS*, p. 503-504 (allusion aux analyses de la *Krisis*).

26. Desanti Jean-Toussaint, « Spinoza et la phénoménologie », *Spinoza au xxᵉ siècle*, dir. Bloch Olivier, Paris, PUF, 1994, p. 114-115 (souligné par moi).

et qu'on peut démontrer syntaxiquement, c'est-à-dire par déduction à partir de ses axiomes, la non-contradiction de toute théorie non contradictoire. Les deux théorèmes d'incomplétude de Gödel ont établi, en 1931, que 1) toute théorie contenant l'arithmétique élémentaire est incomplète en ce sens qu'on peut y construire une proposition vraie et non démontrable dans la théorie, et 2) la démonstration de la non-contradiction d'une théorie ne peut être menée dans le cadre de ladite théorie. Dans la perspective de Cavaillès cela signifie qu'une théorie axiomatique n'est pas fermée sur elle-même, son contenu n'est pas exhaustivement défini par des axiomes : établir de nouvelles propositions, les démontrer est le fruit d'un véritable travail, qui peut faire appel à des résultats d'autres théories, qui peut conduire à modifier la théorie en la reliant à une théorie nouvelle qu'elle suggère. L'unité d'un système axiomatique est déterminée non par des entités (des objets) mais par des opérations initiales, et celles-ci ne se réduisent pas à des opérations logiques ; leur groupement en différents ensembles détermine différentes structures, et ces structures entretiennent des rapports complexes entre elles. Ni la logique objective ni la logique subjective qui rapporte l'objet à la conscience ne peuvent rendre compte « du progrès effectif ni des structures et des entités qui le jalonnent[27] ». Plus précisément, « rendre compréhensible, au sens phénoménologique […] [c'est] dissocier les enchevêtrements, poursuivre les renvois indicateurs pour aboutir au système lisse des actes en pleine lumière qui eux "ne renvoient plus à rien" ».

Cavaillès ne s'est pourtant pas retenu d'analyser les situations en termes d'actes. La raison en est qu'il cherche avant tout à cerner non des objets ou des énoncés mathématiques,

27. *LTS*, p. 557.

mais une activité mathématique. Les actes mathématiques
s'engagent dans une expérience dont l'aspect conscientiel
ou judicatoire a, objectivement, moins d'importance que
le conditionnement par des situations elles-mêmes déjà
mathématiques. La situation explique l'acte, au lieu que chez
Husserl l'acte constitue le sens de la situation. On reconnaîtra
une affinité de la pensée de Cavaillès avec la pensée marxiste
attentive aux conditionnements objectifs. La coïncidence
n'est pas du tout fortuite : au mathématicien marxiste Paul
Labérenne Cavaillès écrit : « Quoique philosophiquement
je ne sois pas orienté par le matérialisme dialectique [...],
je t'avais dit que je me trouvais conduit à des résultats qui
ne sont pas exclus par votre attitude[28]. »

Cavaillès l'a dit clairement : toute la « machinerie
transcendantale » lui apparaît superfétatoire par rapport à
la pratique mathématique, et celle-ci, plutôt qu'élucidation
du sens, est transformation incessante du sens. Ce qui
est irréductible ce ne sont pas les actes, ni même leurs
produits, c'est le *mouvement même* qui oriente les actes et
transforme les produits.

C'est pourquoi après la longue analyse consacrée à
Husserl, Cavaillès conclut que la phénoménologie n'a
rien pu pour le double problème qui l'occupe : légitimer
les contenus et justifier le progrès comme tel. Le progrès
témoigne en faveur de l'« impossible fixité[29] » des contenus
les plus idéaux qui soient, ceux des mathématiques ; c'est
dans leur progrès, non contre lui, que les mathématiques
livrent leur nature.

---

28. Lettre à Paul Labérenne (fin 1938), citée par Henri Mougin
dans son article, « Jean Cavaillès », *La Pensée*, n° 4, juillet-août-
septembre 1945, p. 79.
29. Lettre du 15 avril 1931 à ses parents, G.F., p. 93.

VI

Raison et histoire

De l'examen de *LFLT* de Husserl, Cavaillès peut conclure que le cycle du kantisme est achevé sans qu'aient pu être justifiés les contenus et le progrès mathématiques. Il va donc quitter le terrain du transcendantal pour celui de l'historique. Après tout, réformer Kant consistait pour lui à intégrer à la théorie de la raison la dimension du devenir. Or la problématique transcendantale de la phénoménologie est un obstacle à une histoire effective des procédures mathématiques. Du moins ces deux perspectives sont, dans leur principe, étrangères l'une à l'autre. Cavaillès raconte à Étienne Borne qu'il n'a pas réussi à évoquer, lors de sa visite à Husserl en septembre 1931, l'histoire des mathématiques, telle qu'il la pratiquait d'après l'enseignement de Brunschvicg ; elle n'existait tout simplement pas pour Husserl[1]. Husserl en effet

1. *LEB*, p. 43-45.

pensait le transcendantalisme comme thérapeutique de l'objectivisme mathématique « moderne » dont Galilée aura été la figure de proue et Leibniz le grand architecte avec son idée de langage symbolique universel pour traduire la pensée en calcul[2]. Le retour au *cogito* cartésien, précurseur de l'intentionnalité, serait le remède au naturalisme et au formalisme.

L'histoire

Depuis Hegel et via la promotion au XIXᵉ siècle des sciences sociales, l'histoire est entrée dans le cabinet de la philosophie. Pour Hegel l'histoire est au cœur de la philosophie, qui a à rendre compte d'elle-même et de son histoire, du sujet qui l'énonce et du processus historique où il s'insère. Ce processus est graduellement constitué de moments singuliers et de situations particulières diversement déterminées. De ces singularités la raison n'est pas absente, mais chacune ne présente qu'une étape du processus de la raison qui est en devenir tout en tendant vers sa totalisation. Pour Hegel il n'y a pas de contradiction entre existence et essence, réalité effective (*Wirklichkeit*) et rationalité, événement et raison : l'Esprit* se réalise à travers la « bousculade informe des événements ». L'historicité n'implique pas que l'esprit soit le simple produit du devenir historique, l'histoire est au contraire l'œuvre de l'esprit dans son libre développement sous forme d'événements singuliers. « L'Idée se manifeste dans le monde et rien ne

---

2. Pour plus de détails, voir l'article de Paul Ricœur « Husserl et le sens de l'histoire », repris dans *À l'école de la phénoménologie*, *op. cit.*, p. 21-57.

s'y manifeste qui ne soit elle[3] », ou encore le sens se fait conscient de lui-même en faisant être tout ce qui est. La philosophie de Hegel est un idéalisme historique.

Pour le matérialisme historique le moteur des changements ce n'est pas l'esprit (la conscience où se développe un système d'idées, une idéologie), mais les forces et les techniques de *production* économique, infrastructure des rapports sociaux entre les hommes.

Ces brèves indications sont destinées à éclairer la pensée de Cavaillès. Celui-ci n'a évidemment pas échappé à l'influence de la philosophie hégélienne ; pourtant il s'en « défiait » selon le témoignage de certains de ses proches, Jean-Toussaint Desanti notamment. Ce dont se défiait Cavaillès c'est de l'idéalisme en général, hégélien entre autres, ce qui n'implique pas qu'il ait rejeté Hegel en bloc, loin de là. Plus précisément, ce qui de l'hégélianisme passe dans la version matérialiste de l'histoire ne lui est pas du tout étranger. Si l'on substitue « mathématique » à « économique » dans l'expression « techniques de production économique » utilisée ci-dessus, on retrouve tout à fait le souci de Cavaillès de construire une philosophie sur la base des techniques, concepts, méthodes mathématiques tels qu'ils ont été historiquement produits

---

3. *La Raison dans l'histoire*, Paris, Plon, coll. 10/18, 1965. « L'Idée peut être aussi saisie comme la *raison*, comme le *sujet-objet*, comme l'*unité de l'idéel et du réel, du fini et de l'infini, de l'âme et du corps*, comme la *possibilité qui a, en elle-même, son effectivité*, comme ce dont la *nature* ne peut être *conçue* que comme *existante*, etc. », *Encyclopédie*, I, § 164, p. 268 (soulignements de Hegel). Dans les *Principes de la philosophie du droit*, § 342, Hegel écrit : « L'histoire du monde, loin d'être [...] la nécessité abstraite et sans raison d'une destinée aveugle, correspond au développement nécessaire des moments de la raison, d'après le concept même de la liberté de l'esprit. »

et continuent de fournir à la pensée mathématique son infrastructure. Ce qu'il cherche à déterminer ce sont, à partir de l'analyse de leurs produits, les modalités de *production mathématique*. C'était une perspective très remarquable par rapport au rationalisme philosophique français du début du XXᵉ siècle, tributaire de l'idéalisme kantien et du positivisme d'Auguste Comte.

Entrons maintenant dans la construction propre de Cavaillès.

La méthode historique

C'est au contact de Léon Brunschvicg que Cavaillès développe un intérêt pour l'histoire des mathématiques, et c'est sous sa direction qu'il entreprend l'histoire de la théorie des ensembles, après avoir envisagé un moment de considérer le calcul des probabilités. Brunschvicg engage Cavaillès à développer sur la théorie des ensembles un point de vue différent du point de vue logiciste de Bertrand Russell et de Louis Couturat. Son livre magistral, *Les Étapes de la philosophie mathématique*, est le premier modèle de Cavaillès : l'histoire y apparaît comme méthode et matière de réflexion, elle définit un rapport neuf entre science et philosophie : le regard philosophique sur la science se porte du dedans du développement scientifique dans ses détails, ses latences, ses inattendus, ses ruptures. La méthode historique sera le bien commun des tenants de l'épistémologie française, de Brunschvicg à Michel Foucault et de Cavaillès, Bachelard et Canguilhem à Michel Serres[4],

---

4. Tout au moins dans ses premières œuvres, notamment *Hermès I, La Communication*, Paris, Minuit, 1968, réédition 1984.

Gilles-Gaston Granger et Jean-Toussaint Desanti. Tous ont mis en pratique l'idée d'Auguste Comte (1798-1857) qui veut que l'on connaît seulement ce dont on connaît de l'histoire[5]. Chacun en usera à sa manière. Cavaillès se démarque en particulier de Husserl, qui ne considère pas l'histoire comme l'instrument d'une restitution *archéologique* des couches de sens sédimentées dans les concepts et les méthodes en vue de retrouver leur lien originaire avec le monde réel et de détecter la téléologie inséparable du projet d'élucidation du sens[6]. L'histoire n'est pas la profondeur de l'intériorité intentionnelle qui réactualise son lien avec l'empirie. Le regard n'est pas celui d'un observateur tourné vers le passé dont est issu le présent, mais celui d'un acteur tourné vers l'avenir, producteur (le mathématicien au

---

5. Il s'agit de la seule histoire qui ait un intérêt pour la connaissance, l'histoire rationnelle, soustraite à la succession événementielle.

6. On peut lire dans la *Krisis* : « Ce genre d'élucidation de l'histoire par laquelle nous nous retournons pour interroger la fondation originelle des *buts* [je souligne] qui lient la chaîne des générations à venir [...] n'est que l'authentique *prise de conscience* [je souligne], par le philosophe, du *terme véritable de son vouloir* [souligné par Husserl] [...] et en tant que vouloir, de ses ancêtres spirituels. » Le terme « archéologie » est utilisé par Eugen Fink dans son étude sur Husserl, publiée en 1939, dans la *Revue internationale de philosophie*.

Foucault développera un autre type d'archéologie, consistant à dégager ce qu'il appelle l'« *a priori* historique », c'est-à-dire les conditions de possibilité de l'*émergence* à tel moment, dans tel type de société et d'institutions, de tel type de *discours*. En dépit d'une dénomination husserlienne car empruntée au texte de Husserl *L'Origine de la géométrie*, la démarche de Foucault est proche de celle de Cavaillès, étant à la recherche des *règles de production* d'un discours, celui-ci étant cependant considéré non seulement en lui-même, mais aussi dans ses articulations avec les institutions, les pratiques économiques, les stratégies politiques.

travail) ou reproducteur (comprendre c'est refaire) du mouvement en avant[7] qu'oriente le « flux du devenir ».

La curiosité éveillée par Brunschvicg est par ailleurs renforcée par ce que Cavaillès observe des champs de connaissance en Allemagne, où l'épanouissement exceptionnel des mathématiques au XIXᵉ siècle s'est accompagné d'une réflexion sur le rapport des mathématiques à leur histoire. Dès 1927, lors d'un premier séjour à Berlin, Cavaillès s'attaque à l'étude volumineuse que vient de publier Felix Klein[8], le mathématicien qui, avec David Hilbert et son école, fit de Göttingen la première place mondiale pour les mathématiques entre 1920 et 1933. Dans la bibliographie de *TAE* Cavaillès cite l'édition allemande des *Œuvres mathématiques* de Bernhard Riemann, qui comporte une introduction où Felix Klein explique le progrès mathématique par ce qu'il appelle la « continuité historique »[9]. « Les mathématiques pures, écrit F. Klein, progressent à mesure que les problèmes connus sont approfondis en détail d'après les méthodes nouvelles. À mesure que nous comprenons mieux les anciens problèmes, les nouveaux se présentent d'eux-mêmes. » Sans reprendre l'expression « continuité historique », Cavaillès a néanmoins retenu deux choses : rôle moteur des problèmes à résoudre et enchaînement historique entre problèmes anciens, reformulés à l'aide de concepts et de méthodes nouvelles, et apparition *spontanée* de problèmes nouveaux. Le travail du mathématicien est

7. *LTS*, p. 559.
8. *Vorlesungen über die Entwicklung der Mathematik im 19. Jahrhundert* (*Leçons sur le développement de la mathématique au XIXᵉ siècle*), 2 volumes, Berlin, Springer, 1926-1927.
9. « Riemann et son influence », in *Œuvres mathématiques de Bernhard Riemann*, trad. Laugel L., Paris, Gauthier-Villars, 1898, p. XIII-XXXV.

inséré dans un tissu historique de questions, de solutions, de méthodes de définition et de démonstration. L'histoire n'est pas le récit du passé mais la matière qui est remodelée, transformée, augmentée, réorganisée. Les mathématiques ne cessent de se nourrir de leur histoire, si loin en arrière que celle-ci les entraîne et si radical que soit l'écart par rapport aux devanciers. Exemple paradigmatique : le lien à la fois de continuité et de discontinuité entre la définition par Dedekind des nombres réels et la théorie des proportions d'Euclide. Dans sa correspondance avec Rudolf Lipschitz[10], Dedekind montre avec finesse comment sa définition comble une lacune du texte euclidien tout en introduisant un concept complètement nouveau, inconcevable du point de vue d'Euclide[11].

L'entêtement de la pratique historique face au logicisme et au formalisme rigide, Cavaillès l'a éprouvé en faisant l'histoire de la théorie des ensembles. Les paradoxes de celles-ci ont propulsé la problématique des fondements, qui a retenu l'attention des logiciens, sans empêcher les mathématiciens de poursuivre leur tâche : le développement, la « puissance interne d'expansion », des disciplines liées à la théorie des ensembles comme l'analyse fonctionnelle, la théorie de la mesure et de l'intégration ou la topologie combinatoire[12], n'a pas été arrêté ni compromis par les

10. Analyste allemand, Rudolf Lipschitz (1832-1903) formula des objections à la définition par Dedekind de la continuité et des nombres réels. La correspondance à ce sujet se trouve dans *La Création des nombres, op. cit.*, p. 255-283. Lipschitz écrivit un *Traité d'analyse* en partie inspiré par la théorie de Dedekind.

11. Pour le détail voir mon commentaire dans Richard Dedekind, *La Création des nombres, op. cit.*

12. L'analyse fonctionnelle est la branche de l'analyse qui étudie les espaces de fonctions. Une mesure est une fonction qui associe

paradoxes[13]. La pratique mathématique enjambe les obstacles théoriques, questions de statut ou de fondement, comme ce fut déjà souvent le cas, par exemple dans la pratique du calcul infinitésimal. Si l'on veut comprendre la nature des mathématiques, il faut étudier leur histoire.

Cependant, l'intérêt de Cavaillès pour l'histoire dépasse la confrontation avec le logicisme à laquelle Brunschvicg l'a invité. Il dépasse aussi le constat de l'intériorité aux mathématiques de leur histoire et procède d'une préoccupation philosophique fondamentale : élaborer une théorie de la raison qui intègre la dimension historique de la raison, tout en délimitant les effets de la contingence et sans renoncer au combat contre l'irrationalité des choses et des hommes. L'histoire a un double visage, effectif et contingent : d'un côté elle permet de s'écarter de tout *a priori*, de l'autre on ne peut se contenter de la dispersion événementielle, il faut tâcher d'apercevoir « sous l'accidentel un devenir objectif[14] », ce que le mathématicien réussit en *continuant* l'œuvre de ses devanciers, ce que le philosophe tente par la réflexion sur l'histoire.

Au départ, Cavaillès partage les vues de Brunschvicg, qui retouche l'entreprise critique kantienne par ce qu'il

---

une grandeur numérique à certains sous-ensembles d'un ensemble donné ; c'est l'analogue de la notion de nombre cardinal* pour les ensembles discrets. La topologie combinatoire, appelée topologie algébrique aujourd'hui, applique des outils algébriques à l'étude des espaces topologiques. Un espace topologique est un ensemble E muni d'une topologie, laquelle est un ensemble de parties de E vérifiant certains axiomes et permettant de traiter axiomatiquement les notions de limite et de continuité.

13. *TAE*, p. 224-225.

14. *MAF*, p. 52. Et aussi *TAE*, p. 226 : « Il y a une objectivité, fondée mathématiquement, du devenir mathématique. »

en considère la base, à savoir l'histoire de la pensée mathématique. Réformer Kant c'est aussi ce que veut Cavaillès, comme il le déclare lors de la séance du 4 février 1939 de la Société française de philosophie, et cela est d'autant plus nécessaire que la plupart des mathématiciens soucieux de s'expliquer sur le lien entre historicité et rationalité dans le développement des mathématiques se référaient globalement à Kant, sans admettre toutes les présuppositions et les thèses de son système. Ainsi, de Dedekind à Poincaré et à Brouwer, en passant par Hilbert, la connaissance mathématique apparaît comme production ou procès de la raison, ou, plus généralement, de la pensée. Pour Dedekind les nombres sont de « libres créations de l'esprit humain » permettant de saisir la diversité des choses[15], pour Hilbert les règles de la formalisation mathématique sont l'expression technique du procès effectif de la pensée[16], pour Poincaré on ne saurait concevoir les objets pensés des mathématiques indépendamment d'un sujet pensant[17], pour Brouwer l'activité du sujet mathématicien s'enracine dans une pure intuition du temps[18]. Une dominante se dégage de la variété des points de vue : le rôle à la fois

15. « Que sont et à quoi servent les nombres ? », 1re préface, 1888, trad. Benis Sinaceur Hourya, *La Création des nombres, op. cit.*, p. 134. Voir aussi la lettre de Dedekind à Heinrich Weber à propos de la « création » des ordinaux* ainsi que des irrationnels et des nombres idéaux de Kummer (p. 291-294) : « Nous sommes de race divine et possédons absolument et sans aucun doute le pouvoir de créer non seulement des choses matérielles (chemins de fer, télégraphes), mais tout particulièrement des choses de l'esprit. »

16. « Die Grundlagen der Mathematik II », 1927, trad. Largeault Jean, *Intuitionnisme et théorie de la démonstration, op. cit.*, p. 158.

17. *Dernières pensées*, Paris, Flammarion, 1912, p. 67-69.

18. « Intuitionnisme et formalisme », 1912, in Largeault Jean, *Intuitionnisme et théorie de la démonstration, op. cit.*, p. 43-44.

créateur et législateur du mathématicien, qui non seulement conçoit des notions et des méthodes mais aussi pose des *normes* de vérité et de légitimité : acceptation ou refus des raisonnements sur l'infini actuel, acceptation ou refus de la loi du tiers exclu, acceptation ou refus des définitions imprédicatives[19]. De telles alternatives ne sont absolument pas envisagées par Kant, mais elles se présentent dans la perspective kantienne d'une *ligne de partage* entre ce qui est accessible à l'entendement humain fini et ce qui le dépasse. Si Cantor et Dedekind défendent le maniement direct des ensembles actuellement infinis, Poincaré, Brouwer et, à leur suite, Hilbert lui-même élaborent des stratégies pour traiter l'infini par des procédures finies ou finiment contrôlables. Dans ses premiers écrits, Cavaillès est d'autant plus proche de l'idée de *création mathématique* qu'elle correspond au rôle primordial donné par Brunschvicg à l'intelligence.

Selon Brunschvicg, il y a une solidarité entre la méthode historique et le criticisme, du moins c'est ainsi qu'il l'entend : « L'analyse critique peut servir d'introduction à l'histoire ; mais elle procède de l'histoire[20]. » L'histoire des mathématiques dément le logicisme comme Kant l'avait bien vu, mais elle dément aussi la conception kantienne de la conjonction extérieure de données immédiates de

19. Une définition est imprédicative si l'objet défini intervient dans la définition elle-même. Par exemple, la borne supérieure d'un ensemble E non vide et majoré de nombres réels est définie comme le plus petit des majorants de E. L'existence d'une borne supérieure pour tout ensemble non vide et majoré de nombres réels est au fondement de l'analyse classique. Poincaré a mis en question la légitimité des définitions imprédicatives dans le cas d'ensembles infinis.

20. *Les Étapes de la philosophie mathématique*, Paris, Alcan, 1912, p. x.

la sensibilité et de concepts *a priori* de l'entendement. En fait « rien ne ressemble moins à l'expérience scientifique que la constatation d'un donné immédiatement fourni par des objets extérieurs ; rien ne ressemble moins aux opérations effectives du savant que le déroulement d'un discours purement logique », écrit Brunschvicg. Ainsi, l'alliance de l'attitude critique et de l'étude historique promeut un renouvellement conceptuel général de la théorie de la connaissance : la thèse sous-jacente pose que 1) la raison n'est pas extérieure mais intérieure au processus historique ; 2) si elle n'est pas immédiatement évidente, cette intériorité est accessible à la réflexion qui trouve ses éléments dans l'histoire elle-même et ne renvoie donc pas à un arrière-fond ontologiquement transcendant. « Le philosophe travaille sur l'histoire, comme le savant opère dans son laboratoire », écrit Brunschvicg[21] en une formule qui fera florès dans l'école française d'épistémologie historique, chez Canguilhem notamment. Du reste, la mathématique étant « maîtresse de vérité », son histoire est un guide dans la recherche de normes de vérité. Celles-ci sont à l'œuvre dans les raisonnements mathématiques, et la logique ne fait que les codifier.

Cette ligne de pensée est exactement celle de Cavaillès dans ses thèses. Son travail sur la formation de la théorie abstraite des ensembles, il le veut « soumis à l'histoire et critique de celle-ci au nom de ses résultats[22] », double vectorisation de la pensée qui articulera l'œuvre de Georges Canguilhem et celle de Michel Foucault, qui la désigne comme « pratique historico-philosophique ». Mais, ultérieurement, Cavaillès écrit à Paul Labérenne

---

21. *Écrits philosophiques*, t. II, *op. cit.*, p. 169.
22. *TAE*, p. 227.

qu'il est « en rupture complète avec l'idéalisme, même brunschvicgien ». De l'idéalisme transcendantal de Kant et de Husserl, Cavaillès n'accepte pas l'*a priori* des « uniformes » logiques de la pensée : c'est la critique de la pensée abstraite ou formelle telle que l'avait promue Hegel. Mais de l'idéalisme historique de Hegel et de Brunschvicg, il refuse la prééminence de l'esprit ou de l'intelligence sur la matière : c'est le choix d'un certain matérialisme.

Contre l'*a priori* des philosophes Cavaillès met en avant l'expérience cueillie dans l'histoire. L'expérience mathématique n'est pas l'expérience du sensible, elle est une connaissance qui se construit dans l'expérience historique mais n'est pas résorbée par elle, puisqu'elle permet d'obtenir des résultats dont le champ de validité peut varier au gré de l'évolution du sens des concepts et des théories mais ne dépend en tout cas absolument pas des circonstances historiques de cette évolution. C'est le paradoxe de l'histoire « qui n'est pas une histoire[23] », ou comment l'effectif ne se rabat pas sur l'empirique. La formule rappelle d'ailleurs étrangement l'explication par Hegel d'une « histoire qui en même temps n'en est pas une ; car les pensées, les principes, les idées qui s'offrent à nous sont du présent[24] ». Hegel ne visait certainement pas l'histoire des mathématiques. Pourtant c'est bien le propre des mathématiques que leur passé n'est pas révolu mais inscrit dans leur présent.

23. *MF*, p. 664. Dans *MAF*, p. 184, Cavaillès écrit : « Il n'y a rien de si peu historique – au sens de devenir opaque, saisissable seulement dans une intuition artistique – que l'histoire mathématique. Mais rien d'aussi peu réductible, dans sa singularité radicale. »

24. *Leçons sur l'histoire de la philosophie*, t. I, Introduction, trad. Gibelin Jean, Paris, Gallimard, 1954, réédition 2007, p. 131.

En fait, il y a deux histoires. 1) L'une consiste à relater une succession d'événements reliés *a parte post* et de manière externe par une chronologie : c'est l'histoire au sens usuel. 2) L'autre détecte la nécessité interne par laquelle sous la succession apparaît un « complexe organique » d'enchaînements rationnels. Dans le premier cas l'histoire est un récit, dans le second cas le récit s'efface devant la mise en évidence des connexions entre problèmes. L'allemand a d'ailleurs deux mots pour « histoire » : l'histoire-récit est *Historie*, l'histoire-devenir objectif est *Geschichte*. L'histoire des mathématiques telle que la pratique un mathématicien à l'œuvre, telle que l'institue une réflexion philosophique, est une *Geschichte* qui annule tout ce qui en elle donnerait lieu *seulement* à un récit et dégage les liens qui permettent de *comprendre* les dépendances rationnelles. Sous les successions, les discontinuités, les renversements, les décalages, les ruptures, les bifurcations, les paliers, les étapes, se montre la *continuité rationnelle*, vraie identité de ce que F. Klein appelait la « continuité historique ». On peut dire que Cavaillès a cherché la « logique » de la succession historique, comme Dedekind et Frege avaient montré la logique de la succession arithmétique. L'important dans l'histoire c'est qu'elle marque la « soumission du transcendantal à ses étapes[25] » : l'obligation du passage d'une étape à une autre est reconnue dans un échec, la nécessité du progrès dans l'incomplète détermination d'une notion. Et la logique de l'histoire manifeste la nécessité interne qui dans la succession montre un enchaînement.

25. *TC*, p. 274.

De façon remarquable, l'expression « nécessité interne » est commune à la *Leçon* de 1854 de Dedekind[26] et à la perspective de Spinoza (« chacun fait ce qui suit de la nécessité de sa nature[27] »), ou de Hegel (« la nécessité intérieure que le savoir soit une science réside dans sa nature[28] »), les trois auteurs qui ont permis à Cavaillès de réformer le kantisme. Plus fidèle à Spinoza qu'à aucun autre, Cavaillès ne perd jamais de vue qu'il ne faut pas confondre « nécessité interne » avec « finalité interne » ; c'est dire qu'il refuse la riposte de Kant à Spinoza dans la *Critique de la faculté de juger* et se tient à distance de l'interprétation hégélienne de l'enchaînement en processus finalisé, exprimé par le concept de *développement* (*Entwicklung*). Si la nécessité est interne, présente à même la situation ou le concept problématiques, la finalité, elle, est *externe*, car elle ne se révèle qu'après coup. En retenant cette distinction, que Cavaillès ne présente pas de front comme je viens de le faire, on résoudra l'embarras qu'il y a à comprendre comment concilier, comme le fait Cavaillès, imprévisibilité radicale et nécessité intrinsèque. La nécessité tient à la raison, l'imprévisibilité tient à l'histoire.

Pour Hegel « la réflexion philosophique *n'a d'autre but que d'éliminer le hasard. La contingence est la même chose que la nécessité extérieure : une nécessité qui se ramène à des causes*

---

26. « Que le progrès dans le développement de toute science *réagit* toujours sur le système par lequel on tente d'en concevoir l'organisme n'est pas seulement un fait historique, mais repose aussi sur une nécessité interne » (Dedekind Richard, *La Création des nombres, op. cit.*, p. 224).

27. *Éthique*, IV, 37, scholie 2.

28. *PE*, p. 60. Hegel a également repris l'idée de Spinoza selon laquelle la nécessité intérieure est liberté (cf., par exemple, *Encyclopédie*, I, p. 490).

qui elles-mêmes ne sont que des circonstances externes[29] ». Hegel rejoint Spinoza selon qui il est dans la nature de la raison de considérer les choses comme nécessaires ; croire à la contingence vient d'une connaissance imparfaite, partielle, mutilée, inadéquate, à laquelle échappent les connexions des choses. Cavaillès reprend à sa racine le balancement entre contingence et nécessité. Sa question à propos de la théorie des ensembles, dont le point de vue et les méthodes ne faisaient pas – et ne font toujours pas – l'unanimité parmi les mathématiciens, est la suivante : son apparition répondait-elle à une nécessité mathématique interne ? Va-t-elle se stabiliser en une structure autonome ? Ou bien, « fantaisie historique », manifeste-t-elle la contingence surgie sur le bâti des infrastructures socioculturelles ? Nécessité ou contingence ? Le débat occupera les successeurs de Cavaillès tant en ce qui concerne les mathématiques (Jean-Toussaint Desanti, Gilles-Gaston Granger) que d'autres sciences (Jacques Monod, François Jacob) ou, plus généralement, la philosophie (Jules Vuillemin).

La théorie des ensembles est un exemple de *création* mathématique. Cavaillès cherche à surprendre dans le vif de l'histoire le mécanisme de cette création. D'une part, l'œuvre originale est en rupture avec ce qui dans le passé relève de l'autorité de la tradition et d'un climat intellectuel donné, son auteur est un « rebelle » qui ouvre de nouvelles perspectives – c'est, du point de vue de Hegel, le moment de la négation du donné. D'autre part, cette création est nécessaire au sens où l'arbitraire individuel et les conditionnements socio-institutionnels, s'ils concourent aux circonstances de son surgissement, n'en expliquent pourtant pas le contenu. Ce contenu est solidaire de ce

---

29. *La Raison dans l'histoire, op. cit.*, soulignement de Hegel.

dont il procède : problèmes liés à l'expression de fonctions réelles de variable réelle en séries trigonométriques, à la définition de la continuité d'un espace, à la définition des nombres réels et à celle des nombres entiers positifs. Le passage des méthodes de l'analyse et de l'arithmétique aux méthodes ensemblistes allie cette continuité de matière à un changement dans la manière : considérer les ensembles infinis d'éléments plutôt qu'un élément particulier, fût-il représentatif ou caractéristique, et considérer les structures de ces ensembles. Mais on ne saurait véritablement séparer matière et manière, c'est la matière elle-même qui, en vertu de sa « puissance interne[30] », appelle les nouvelles figures qui la présentent.

Selon Kant, « au fondement de toute nécessité se trouve toujours une condition transcendantale[31] ». Cavaillès rejoint Spinoza et Hegel pour situer la nécessité dans le développement effectif : les enchaînements intelligibles procurent leur légitimité dans leur accomplissement même. Ce n'est pas qu'il n'y a pas de contingence, c'est que l'*effectif* annule la contingence.

De l'histoire à la structure

L'usage systématique de la méthode axiomatique a mis en avant les structures abstraites susceptibles d'être interprétées par différents modèles, c'est-à-dire par différents ensembles d'éléments satisfaisant aux propriétés énoncées dans les axiomes. Ainsi, les axiomes de groupe sont satisfaits, entre autres, par l'ensemble des nombres entiers relatifs

---

30. *TAE*, p. 224, formule éminemment spinoziste.
31. *Critique de la raison pure, op. cit.*, p. 183.

et l'ensemble des rotations du plan. La considération des structures s'est substituée à la considération des objets. Les objets sont des carrefours : s'y croisent plusieurs structures. Sur une sphère par exemple se croisent structure algébrique, structure topologique, structure différentielle[32].

La mathématique structurale fait également apparaître les liens entre disciplines distinctes : algèbre, géométrie, analyse, arithmétique ; elle multiplie les transferts de résultats et de méthodes, traduit une théorie dans une autre, engendre de nouvelles théories par croisement de théories plus anciennes : théorie analytique des nombres, théorie algébrique des nombres, topologie algébrique, etc. S'impose alors l'image, façonnée à travers les œuvres séminales de Dedekind, de Cantor, de Klein et de Hilbert, d'un « organisme dont la force vitale est conditionnée par la connexion des parties[33] ». L'image d'organisme vivant, dont Hegel notamment s'est servi pour décrire le processus de la pensée, suggère dynamisme et auto-organisation. Tandis qu'il travaille à ses thèses, Cavaillès écrit, en 1936, à son ami Albert Lautman qu'il est « pris par des images architecturales et assez réalistes du développement mathématique ». Popularisé plus tard par les bourbakistes, le thème de l'architecture des mathématiques fera florès.

Les structures fournissent des liens d'intelligibilité entre notions, problèmes et méthodes qui recouvrent la

---

32. Les variétés différentielles sont les variétés sur lesquelles on peut effectuer les opérations du calcul différentiel et intégral. Variété est la notion qui généralise la notion de courbe (variété de dimension 1) et de surface (variété de dimension 2). Les variétés sont définies par des équations algébriques.

33. Hilbert David, « Problèmes mathématiques », in *Compte rendu du II* *Congrès international des mathématiciens*, Paris, Gauthier-Villars, 1902.

pure succession chronologique et se distinguent des liens de causalité. Cavaillès entend clairement expliquer le dynamisme du corps des mathématiques par la systématicité de ses théories et leurs interactions internes, sans appel à la contingence historique. L'étude de l'histoire aboutit ainsi à sa neutralisation, du moins la neutralisation de son aspect événementiel, car le *mouvement* historique demeure essentiel. Cavaillès ne cède pas à la tentation hégélienne d'une totalisation finale, ce qui serait basculer de l'histoire dans la métaphysique. Bourbaki y cédera en affirmant que les hasards et l'imprévu ne sont que le masque de notre ignorance que la méthode axiomatique permet de déchirer. Cavaillès reste vigilant : l'histoire montre l'unification en acte des diverses branches mathématiques, mais l'histoire a ses imprévus, ses discontinuités, et elle n'a pas de fin, ni au sens d'un achèvement ni au sens d'une finalité présente dès l'origine. Sa défiance à l'égard de Hegel est en partie motivée par son refus spinoziste de la finalité[34]. Mais le caractère imprévisible, qu'il affirme avec autant de force que la nécessité, l'éloigne du déterminisme intégral de Spinoza. Dans l'idée de rythme propre du développement mathématique Cavaillès allie continuité et discontinuité, nécessité et imprévisibilité ; l'imprévisibilité, autant que la nécessité, marque l'autonomie des mathématiques par rapport au sujet. Du reste, du point de vue du sujet, prévoir n'est pas voir ni déterminer par avance, c'est parier.

34. L'univers nécessaire et sans principe téléologique de Spinoza est un univers d'où le *sens* est absent, pour autant que le sens est ce que la finalité institue. L'univers mathématique de Cavaillès est un univers de sens sans finalité, parce que le sens est inscrit dans le développement nécessaire, orienté non par une finalité mais par la signification, le sens de la matière mathématique.

Il faut donc résister à la croyance « qu'il existe un plan total où tout soit relié : ce n'est qu'un en-soi, réquisit peut-être de la pensée cohérente[35] ». En fait, la cohérence n'est ni linéaire ni d'un seul tenant, les axiomatisations sont multiples et locales, l'architecture d'ensemble elle-même évolutive, et demeurent ou apparaissent des hiatus, des problèmes, des irréductibles. Tout ne se résorbe pas dans une totalité une, strictement déterminée ou réalisant une fin. Cavaillès a bien vu que la *réduction* de toute la mathématique à la théorie des ensembles, ou à l'arithmétique, ou à la logique, échoue dans sa prétention à offrir un *fondement unique*. Les théorèmes de Gödel de 1931 ont montré l'impossibilité théorique d'insérer toutes les mathématiques dans un système formel unique. Il faut changer de point de vue, abandonner l'unicité pour la multiplicité, la réduction pour l'expansion, considérer la richesse des perspectives ouvertes par l'introduction d'une approche nouvelle (théorie des ensembles) ou par l'utilisation hors de leur champ d'origine de procédés issus de disciplines anciennes (arithmétique, logique). La multiplicité et les croisements de points de vue sont porteurs d'unifications non réductrices.

Cavaillès tient donc une position extrêmement nuancée sur l'histoire. L'histoire est à l'œuvre dans le travail mathématique, et on ne peut caractériser ce travail en faisant l'économie de son histoire. Mais en mathématiques l'histoire est enchaînée à la structure. Donner son véritable poids à l'histoire est philosophiquement salutaire : pour ne pas tomber dans l'illusion d'un monde de l'en-soi, êtres ou objets préétablis, formes de pensée sans contenu (contre Kant), et pour échapper à l'attrait de la totalisation définitive (contre Hegel). L'histoire n'est pas le déroulement dans le temps

35. *MF*, p. 663.

d'un parcours prédéterminé et finalisé. Elle est un chemin où l'inattendu ébranle régulièrement les déterminations les plus établies. Un chemin dont l'accomplissement et la poursuite ne répondent à d'autre fin que la poursuite même du chemin. « Le chemin ne doit pas être aboli, si l'on veut qu'il se poursuive[36]. » Les nécessités que montre l'histoire ne relèvent ni du déterminisme ni de la finalité ; elles ne sont ni causales ni formelles ; elles expriment les liens de rationalité qui se maintiennent et se renforcent entre les contenus lors même que ceux-ci se transforment. Brunschvicg écrivait : « Les résultats positifs du savoir se dessinent en traits assez nets et assez précis pour permettre le redressement objectif de l'histoire : *d'elle-même* la séparation semble s'opérer entre ce qui s'est évaporé par l'action du temps et ce qui demeure au fond du creuset[37]. » Brunschvicg exprime ici un trait typiquement hégéliano-spinoziste : la spontanéité du mouvement objectif de la raison, l'aptitude interne des idées vraies à se lier les unes aux autres. Mais en vertu de la dimension proprement historique de ce mouvement, on ne peut maintenir la conception spinoziste selon laquelle l'idée vraie possède, par principe, une valeur intrinsèque et définitive. Pour Cavaillès ce mouvement, porté par l'enchaînement des contenus, est, par lui-même, l'essentiel ; il témoigne du dynamisme de la raison en vertu duquel, en mathématiques, le rapport de la raison au devenir est un rapport d'intériorité, en sorte que le devenir mathématique est mathématiquement justifié. C'est la poursuite du devenir qui remodèle la justification des significations reçues d'un objet par l'adjonction de nouveaux aspects de signification.

36. *LTS*, p. 505.
37. *Le Progrès de la conscience dans la philosophie occidentale*, *op. cit.*, t. I, p. 18 (souligné par moi).

VII

Le devenir mathématique, imprévisible et nécessaire

L'inutile hypothèse de l'en-soi

Comme le souligne Cavaillès et comme cela demeure généralement vrai aujourd'hui, l'hypothèse d'un en-soi des choses dont le savant découvre les lois est profondément enfouie dans la conscience scientifique. Il y a à cela plusieurs raisons. La plus immédiate est d'ordre psychologique : la manipulation quotidienne de tels ou tels objets ou méthodes engendre une familiarité où s'enracine la *croyance* du mathématicien en une existence des contenus mathématiques pérenne et indépendante de son esprit. C'est ce que l'on appelle le réalisme spontané, qui avance pour se justifier la difficulté à prouver certains résultats, les contraintes particulières dictées, cas par cas, aux outils de preuve, bref la « résistance » d'« objets » qui s'imposent à l'esprit plutôt que l'inverse. Souvent est invoquée l'intuition comme mode de donation ou d'appréhension de tels objets. Philosophiquement, l'existence d'objets fixes et éternels paraît une hypothèse nécessaire pour une vérité conçue comme conformité du discours à son référent. S'il n'y a de vérité qu'absolue et définitive, alors le référent doit être supposé figé dans une identité statique. Les objets mathématiques ne sont certes pas des choses, mais ce sont des idées censées exprimer l'essence éternelle des choses : ainsi les nombres, les figures géométriques, les fonctions, les ensembles, etc. Le réaliste accorde à ces idées une réalité indépendante de la connaissance qu'on en a. La vérité mathématique est vérité en soi d'objets en soi, qu'on sache ou non la démontrer. Par exemple, le théorème de Fermat[1], énoncé vers 1621, *était* vrai avant qu'en soit trouvée une démonstration en 1994.

Les réalistes supposent donc l'*existence* d'un monde d'entités ou d'idées mathématiques séparé du monde des choses sensibles ou physiques et non réductible à la sphère du mental ; c'est pourquoi ils en appellent généralement au ciel platonicien des Formes ou Idées. Certains admettent simultanément une *genèse empirique* de ces idées à partir du monde des choses, genèse des nombres à partir des groupements, troupeaux de bêtes ou amas de pierres, genèse d'une ligne à partir du bord d'un récipient ou de l'arête d'un outil. Cette genèse n'est pas réelle, elle est *cognitive*, elle décrit la manière supposée d'*accéder* aux idées mathématiques dont l'existence est antérieure à cet accès et demeure stable, indifférente aux différences

---

1. Énoncé : Il n'existe pas de nombres entiers non nuls x, y et z, et tels que : $x^n + y^n = z^n$ pour n entier strictement supérieur à 2.

individuelles, de langue ou de culture. L'alliance d'un réalisme des idées, qui est une sorte d'idéalisme, avec un empirisme de la connaissance n'a rien de contradictoire : les deux attitudes se rejoignent dans la supposition que l'être, intelligible ou sensible, est antérieur au connaître.

Cavaillès renvoie dos à dos idéalisme et empirisme. L'hypothèse d'une *existence en soi* des entités mathématiques est totalement inutile tant pour garantir que pour comprendre le *raisonnement* mathématique. En effet, à supposer, par exemple, que les nombres entiers existent en soi avec toutes leurs propriétés, on ne voit pas comment cette *existence* garantirait la justesse d'un *raisonnement* portant sur ces nombres et leurs propriétés ni quel critère permettrait éventuellement d'assurer la conformité de tel résultat d'un raisonnement à telle propriété en soi. Même si toute vérité n'est pas démontrable, comme l'a montré Gödel, il reste que la vérité est de l'ordre de la connaissance : c'est un raisonnement et même une preuve qui établit l'irréductibilité du vrai au démontrable, la conformité de la vérité à son référent supposé étant laissée de côté.

Quant à l'hypothèse d'une genèse empirique qui veut une continuité cognitive entre le monde du sensible et celui de l'intelligible, elle ressortit à la psychologie dont Cavaillès n'entend pas tenir compte. Du reste, cette hypothèse repose sur l'idée de *deux* mondes, extérieurs l'un à l'autre et dont l'un, le sensible, serait *à l'origine* de l'autre. Pour Cavaillès, il n'y a qu'un seul monde dont les faces sont solidaires, les relations mathématiques étant en *corrélation* avec les relations que l'on expérimente dans le monde sensible[2], sans qu'il soit utile, du point de vue de la pratique mathématique, d'assigner une origine ici ou là. Le champ mathématique

2. *PM*, p. 626.

n'est pas situé hors du monde, mais il y a *différents types d'expérience* du monde et l'expérience mathématique trouve le véritable ressort de son développement dans les mathématiques mêmes, quelle qu'en soit l'occasion, questions empiriques, physiques, techniques, biologiques, économiques, sociologiques, etc. La continuité interne relève de la nécessité rationnelle, la continuité cognitive poursuit la causalité accidentelle. Toutes deux cohabitent (et interfèrent) dans un même monde, mais il faut se garder de réduire la première à la seconde.

Bref, ce qui fonde l'*objectivité* mathématique ce n'est ni une supposée *réalité* transcendante des idées ou propositions (Bolzano, Frege, les platonistes modernes tel Gödel) ni une réalité empirique ayant le statut d'*origine* (Husserl[3]) ou de *critère de vérité* (empirisme, nominalisme), ce sont plutôt les *modes de raisonnement* exigés par des problèmes à résoudre et qui conduisent à poser de nouveaux objets ou à modifier la définition d'objets antérieurs. Le mathématicien André Weil (1906-1998), ami et interlocuteur de Cavaillès, identifie ce point de vue comme étant spécifique de l'algèbre moderne. Dans une lettre à sa sœur Simone il écrit : « Poincaré a de belles réflexions […] sur le processus général par lequel, après avoir cherché longtemps et vainement à résoudre tel problème par tel procédé donné à l'avance, les mathématiciens renversent les termes de la question et partent du problème pour fabriquer des méthodes adéquates[4]. »

---

3. Certes pour Husserl le donné empirique n'est pas l'objet d'une réceptivité *aveugle* de la conscience, mais le produit d'une activité synthétique prélogique qui s'exerce à même les données de la perception. Cependant le donné, la « chose même », est bien le substrat d'origine.

4. Lettre du 29 février 1940, in Simone Weil, *Œuvres complètes*, t. 7, p. 536, Paris, nrf, Gallimard, 2012.

Devenir autonome et imprévisible des contenus

L'histoire des mathématiques livre l'image d'un organisme en constante croissance. Mais ce n'est pas qu'une image : les mathématiques sont un *devenir*. Le terme est hégélien, et il faut en distinguer le sens de celui de l'engendrement potentiel et régulier que permet, selon Brouwer, l'intuition originaire de la dyade[5], marque du caractère *a priori* du temps. L'apriorité du temps est pour Brouwer, comme pour Kant, un phénomène fondamental de l'esprit humain. Aussi les propriétés mathématiques sont-elles l'objet de jugements synthétiques *a priori*. Cavaillès ne suit pas cette ligne subjectiviste, il n'en retient que la critique de la présupposition réaliste d'un univers d'objets mathématiques indépendants de la pensée et l'idée cardinale que les mathématiques sont une activité.

Pour Cavaillès, en effet, l'hypothèse de l'en-soi est inutile : les entités mathématiques ne sont pas des *objets* immuables et transcendants par rapport à l'activité mathématique ; ce sont des *concepts* dont le sens varie en fonction de présuppositions mathématiques et épistémologiques explicites ou implicites, de résultats et de problèmes nouveaux. Par exemple, par nombre entier on n'entend pas la même chose au siècle d'Euclide et à celui de Dedekind. L'identité de nom recouvre un changement de sens, un changement de contenu. Le changement peut être très lent, comme dans ce cas-là où il occupe plus de deux millénaires, et il n'est en général ni uniforme, ni linéaire, ni prévisible ; les avancées sont tantôt imperceptibles, tantôt brutales, parfois elles restent longtemps en friche et

5. Voir *supra* chap.II, note 39.

c'est un changement de cap qui fait germer leurs graines, souvent au détour d'enquêtes qui ne les visaient pas : on trouve ce que l'on ne cherchait pas, mais ne sont fortuites que les circonstances de la trouvaille, non son contenu. Le temps du devenir mathématique n'est manifestement pas celui d'une conscience, ni individuelle ni collective ; il a un rythme propre. Ce rythme intègre unitairement les changements qui interviennent selon des fréquences et à des échelles diverses.

Mais qu'est-ce qu'un contenu mathématique si ce n'est pas, comme le voudrait une tradition tenace, un *objet*, ou empirique ou transcendant, considéré comme substrat immuable ? L'objet mathématique est interne à la pensée mathématique, c'est un concept, corrélat d'une activité de pensée ; penser un objet c'est penser les « règles de raisonnement mathématique qui sont exigées par les problèmes qui se posent[6] ». Par « règle » Cavaillès ne désigne pas les règles logiques mais les définitions, axiomes, opérations, conditions mathématiques corrélés à un problème. Ces règles découpent des *concepts* mathématiques, par exemple celui de nombre réel, qui ne renvoie à rien d'existant mais à une suite d'*opérations* sur les nombres rationnels ou à un ensemble d'*axiomes* énonçant les propriétés discriminantes qui distinguent les nombres réels des nombres rationnels. Ce qui est sous-jacent à la pratique mathématique, ce ne sont pas des objets mais des opérations, des procédés de définition et de construction, des propriétés déterminant selon leur assemblage différentes *structures*, des *théories* qui développent les conséquences des propriétés rassemblées. Ainsi, pour l'ensemble des

---

6. *PM*, p. 604. Rapprocher de l'opinion d'André Weil rapportée *supra*.

nombres réels on connaît notamment la structure algébrique qui réunit les propriétés des opérations d'addition et de multiplication, la structure d'ordre en vertu de laquelle de deux nombres réels distincts l'un est forcément plus grand que l'autre, la structure métrique qui caractérise la distance entre deux points de la droite réelle, la structure topologique définie par les axiomes de voisinage grâce auxquels on peut formaliser les notions de limite et de continuité d'une fonction réelle de variable réelle. En conjuguant structure algébrique et structure ordonnée on obtient la théorie des corps réels clos ; la compatibilité des notions de limite et de continuité avec l'ordre et avec les opérations algébriques est au fondement de l'analyse réelle ; en introduisant en outre la mesure de Lebesgue[7], qui définit une notion de « longueur » pour les intervalles réels, on fonde la théorie de l'intégration. Ces quelques exemples suffisent à montrer la superposition complexe d'opérations, de propriétés et de procédures que recouvre l'image lisse et trompeuse d'« objet ». Plutôt que d'objet on parlera donc de concept, ce terme indiquant la conjonction des structures imbriquées dont les conséquences forment une théorie, théorie des groupes, théorie des corps, théorie de la mesure, etc. Pour Cavaillès l'objet est, et est seulement, le corrélat d'opérations déterminées, et, plus généralement, le produit de processus d'idéalisation et de thématisation intervenant dans toute formation de concept. Autant dire qu'il n'a rien d'une

7. Henri Lebesgue (1875-1941), élève de l'ENS Ulm, professeur à l'université de Paris et au Collège de France, est le fondateur de l'analyse moderne. L'exposition classique du calcul intégral est liée à la notion de nombre ; Lebesgue généralise l'exposé en considérant des ensembles quelconques et en définissant une notion de mesure qui étend les notions intuitives de longueur, d'aire et de volume.

substance immuable et tout d'un être idéal mouvant ; en tant que concept, être-de-pensée, il est une unité de sens, à la fois bien déterminée et flexible, susceptible d'être modifiée, de donner naissance à d'autres unités de sens, ou plus simples, ou plus complexes. Selon la grande leçon hégélienne, le sens est fluide, il est mobile et son mouvement n'est pas arrêté par les précisions et les spécifications qui en jalonnent le cours. Bien entendu, comme je l'ai déjà signalé, les contenus idéaux sont considérés en eux-mêmes, intrinsèquement. Ce n'est pas que Cavaillès dénie le rôle des circonstances historiques, sociologiques, culturelles et autres dans la production mathématique, c'est que son objectif est d'en faire délibérément abstraction parce qu'entre ces circonstances et le contenu lui-même les liens sont d'extériorité, tandis que les liens de ce dernier avec les contenus antérieurs sont internes. La distinction externe/ interne est une autre figure de la distinction accident/ essence, comprise par Cavaillès comme différence entre ce que l'on ne peut que *constater* et ce que l'intellect, la raison, peut *comprendre*, ou entre le contingent et l'intelligible. C'est une figure hégélienne ou spinoziste, assumée par Cavaillès, externe, accidentel et contingent s'identifiant dans leur opposition à interne, essentiel et nécessaire.

La deuxième partie de *LTS* met à l'épreuve des instruments fournis par la théorie husserlienne de la signification. S'y dessine l'effort de penser philosophiquement le concept en tant qu'unité idéale de sens sur la base d'exemples de concepts mathématiques ou logiques tels que ceux que j'ai présentés dans le paragraphe précédent. Cavaillès trace deux lignes parallèles. D'une part, celle des « singularités » que produisent les démonstrations et qui sont donc des contenus de théorèmes – où l'on voit bien qu'il s'agit non d'objet au sens chosiste, ni même seulement de concept au sens de *nom* d'une entité, d'une structure ou d'une méthode, mais de *significations* de propositions corrélatives des actes de pensée qui les posent. D'autre part celle des types d'« enchaînements », qui sont non pas des types de méthodes mathématiques de démonstration tels que le raisonnement par récurrence ou le raisonnement par l'absurde, mais des modes de production d'unités de sens mathématiques ou, corrélativement, des espèces d'actes générateurs de sens que sont l'idéalisation et la thématisation.

L'idéalisation ou paradigme consiste en l'actualisation du sens exigé par une singularité en tant qu'elle est pensée comme quelconque : ainsi lorsque de l'exemple des entiers positifs, négatifs ou nuls, muni de l'addition on passe à la notion de groupe additif, qui s'applique aussi bien à l'ensemble des nombres relatifs et à d'autres structures algébriques ou géométriques plus abstraites, ou lorsque de l'arithmétique élémentaire des nombres entiers on passe à l'arithmétique de certaines structures algébriques, nommément l'arithmétique des idéaux d'anneaux intègres. Idéalisée, une singularité se supprime en engendrant sa forme, qui fait surgir une pluralité de singularités structurellement semblables et sémantiquement distinctes. De l'un sort le multiple. Ce processus d'unification formelle qui, loin d'annuler le sens, le multiplie[8], est si consubstantiel au travail mathématique que Cavaillès le décrit comme une « fuite indéfinie vers le sens », un enchaînement indéfini d'actes de signification. En même temps, chose remarquable, ce mouvement de la matière vers la forme et de celle-ci vers d'autres formes pour

---

8. Comme l'écrit Granger, commentant Cavaillès, « la forme n'est rien, si elle n'est comprise comme le renouvellement d'un contenu possible ». *Pour la connaissance philosophique*, Paris, Odile Jacob, 1988, p. 74.

lesquelles la forme antérieure a fonctionné comme matière, et ainsi de suite, atteste la *facture hégélienne* de la pensée : le principe de variation est interne, la synthèse n'a besoin d'aucun divers extérieur à la pensée, comme c'est le cas dans la perspective de Kant ; la pensée produit elle-même le divers, elle est elle-même « multiplicité par ses moments et son progrès[9] ». Si bien que la distinction matière/forme n'est que la tranche hypostasiée d'un mouvement qui court tout au long de la pensée et va du sens à l'acte et de l'acte au sens.

Cavaillès distingue le sens posant et le sens posé, à la manière de Spinoza qui distinguait la nature naturante, qui peut être conçue en elle-même et sans le secours d'une autre chose (tel Dieu ou ce que la tradition philosophique désigne par la « cause première »), de la nature naturée, constituée par les effets ou modes, qui existent en autre chose par laquelle ils doivent être conçus[10]. Mais pour Cavaillès la relation entre sens posé et sens posant introduit un ingrédient absent de Spinoza, puisque cette relation est une dialectique. La thématisation part de l'enchaînement « saisi cette fois dans son vol, trajectoire qui se mue en sens ». Ce qui est visé c'est non plus le sens du passage de l'acte au sens – le sens posé – mais le sens des modalités de ce passage – le sens posant. Ainsi lorsque de l'opération d'addition rendue indifférente aux éléments sur lesquels elle opère on passe aux propriétés d'associativité, de commutativité*, etc., de l'opération considérée comme loi de composition, indifférente à son tour non seulement aux éléments à composer mais aussi à sa propre substantialité puisqu'elle

---

* Voir glossaire : « groupe ».

9. *LTS*, p. 510.

10. *Éthique*, I, propositions 16-36.

peut aussi bien être une multiplication qu'une addition : les axiomes de groupe sont les mêmes (associativité, existence d'un élément neutre et, pour tout élément, existence de son inverse), que la loi de composition interne soit interprétée comme une addition (groupe additif) ou comme une multiplication (groupe multiplicatif).

L'enchevêtrement des deux procès, c'est-à-dire le fait que tout sens posant est le sens posé d'un nouvel acte, confirme la non-pertinence de la séparation entre forme et matière dans le cas des enchaînements rationnels : une forme peut être matière pour une forme à dégager à un niveau supérieur de sens. Si bien que le rapport du concept à l'intuition est à redéfinir d'une manière différente de celle de Kant et des intuitionnistes, comme on le verra plus loin. De même, l'abstrait et le concret ne se différencient pas substantiellement, mais seulement de manière relative, l'un par rapport à l'autre, comme l'avait déjà reconnu Leibniz. D'où l'intérêt de la notion de contenu, qui est indifférente à ces distinctions ou, ce qui revient au même, autorise la superposition de niveaux formels et de degrés d'abstraction de plus en plus élevés.

À ce point d'explicitation dans *LTS*[11], Cavaillès revient sur la notion dont il était parti dans *MAF* : l'effectif. Entre-temps, dans *TC*, il a distingué entre « procès effectif » et « procès effectué »[12], en sorte que la mathématique effective se trouve différenciée des effectuations ou actualisations singulières, même déjà dépouillées de leurs circonstances accidentelles, contingentes. L'effectif ce n'est pas l'actualisation mais son contenu, non pas l'acte de signification mais le sens posé, amorce effective et

11. *LTS*, p. 518.
12. *OC*, p. 470.

non contingente d'un nouvel enchaînement rationnel. L'actualisation est singulière et subjective, les contenus mathématiques sont objectifs en ce sens qu'ils ne dépendent ni de la psychologie, ni des affections ni de la volonté d'un sujet, ni de la structure de la conscience donatrice de sens. Pourtant, ils ne constituent pas, comme le pensait Frege, un monde d'objets transcendants distinct à la fois du monde physique des choses et du monde psychique des états mentaux.

Six caractères sont à retenir. 1) D'abord la solidarité de l'acte et du produit de la synthèse, ce qui implique notamment que la structure de l'acte de synthèse ne peut se lire que dans le synthétisé, donc que la théorie de la connaissance ne précède pas la connaissance effective mais se lit en elle. 2) Ensuite, le mouvement progressif et indéfini des enchaînements de contenus ; ce mouvement n'est pas celui de la succession historique mais celui du devenir de la raison. L'histoire n'explique pas le devenir ; « le progressif est d'essence », et le fait que « tout ne soit pas d'un seul coup […] est le caractéristique de l'intelligible »[13]. C'est donc le devenir qui engendre et explique l'histoire qui le retrace. 3) Ce qui impulse le mouvement c'est l'effectif, c'est-à-dire le produit des enchaînements rationnels, la raison incarnée en ses produits. L'effectif est « du mouvement ou du devenir déployé », comme l'écrit Hegel[14]. 4) Ce mouvement est objectif et autonome, fermé sur lui-même et sans extérieur à lui. C'est pourquoi il n'a pas besoin d'autre justification que lui-même en son accomplissement et sa continuation. Ici de nouveau on pensera à Hegel, pour qui le mouvement procure à la fois la *connexion* du contenu et

13. *LTS*, p. 517-518.
14. *PE*, préface, p. 71.

la *nécessité de son expansion* en un tout organique[15]. 5) C'est un mouvement indéfini, sans commencement absolu et sans terme : il faut renoncer à lui assigner une origine fondatrice comme à lui greffer une finalité qui fait se rejoindre la fin et le commencement. 6) Enfin, ce mouvement est à la fois nécessaire et imprévisible. Ce caractère duel, qui unit des opposés et qui exclut et la finalité et le déterminisme, retiendra mon attention un peu plus loin.

Une philosophie de la représentation est une philosophie de la conscience mettant en scène le théâtre des objets, une philosophie de l'extériorité entre le monde et la connaissance du monde. Deux philosophes ont cherché à surmonter cette extériorité, Hegel et Husserl, mais tous deux ont maintenu la conscience dans un rôle cardinal et lui ont confié, chacun à sa manière, le sens du monde. J'ai déjà eu l'occasion plus haut de noter la présence tacite de Hegel dans l'analyse par Cavaillès de Husserl. Cette présence est en filigrane dans tout le texte de *LTS*. Le début, qui est un examen du kantisme, met en œuvre l'héritage hégélien dans la critique de l'hétérogénéité entre donné empirique et concept, entre formel et matériel, au profit d'une attention pour les « contenus intelligibles », et montre le fil qui unit Hegel et Husserl à Kant : la perspective d'une philosophie de la conscience relevant le défi de la logique en concevant, selon l'expression hégélienne, une « logique subjective[16] ». La même perspective conscientielle mais cette fois débarrassée de la norme logique au profit de l'immanence rationnelle caractérise les épistémologies de Brouwer et de Brunschvicg[17]. Or ne peut-on rendre

15. *PE*, p. 81.
16. *LTS*, p. 485-492.
17. *LTS*, p. 496-501.

compte du progrès mathématique et du mouvement des contenus intelligibles de manière intrinsèque ? Une réponse affirmative exige un décentrement décisif : détourner son regard de la conscience pour l'installer dans les contenus, penser les mathématiques du point de vue d'elles-mêmes comme science *sui generis* « original[e] dans son essence, autonome dans son mouvement », saisir la nécessité interne par laquelle ce mouvement autonome enchaîne les contenus. *LTS* remet en question[18] le parallélisme que *MAF* semblait établir entre l'élargissement ou l'approfondissement de la conscience et le « développement dialectique de l'expérience » avec ses moments que sont l'idéalisation et la thématisation[19]. Parallèlement la thèse dedekindienne de la *création* de concepts cède le pas à l'affirmation plus objectiviste d'autoengendrement des concepts. En tout cas, la conscience n'est pas génératrice des contenus, ni surtout de leurs liens internes. La rationalité est contentuelle, objective, non conscientielle et subjective. Comprendre n'est pas « prendre conscience de », ce qui va à l'encontre à la fois de Hegel et de Husserl.

Reste alors à rendre compte intrinsèquement du développement dialectique de l'expérience mathématique et de ses aspects fondamentaux : l'objectivisme, le dynamisme, l'autonomie, la nécessité interne.

La nécessité : dialectique et démonstration

Cavaillès, on l'a vu, n'avait de cesse que de reconfigurer la notion d'expérience de manière à l'égaler à la connaissance.

18. *LTS*, p. 500-501.
19. *MAF*, p. 185.

Il projetait même un livre, intitulé *L'Expérience mathématique*, auquel *LTS* devait fournir les clarifications préalables par rapport à l'idéalisme transcendantal en général, et, tout particulièrement, à la « conscience pure » de Husserl[20]. Il eût dû certainement y répondre au paradoxe d'une expérience mathématique sans mathématicien, d'une activité sans acteurs, d'une création sans créateur, d'une histoire sans personnages. Ou, pour aller à la racine même du paradoxe, expliciter les déterminations de l'effectivité qui la font objective plutôt que subjective. Tâchons de rassembler à nouveau les notations de Cavaillès à ce sujet, étant entendu que nous avons déjà débrouillé l'écheveau des sens d'« effectif » et identifié les structures idéalisante et thématisante de l'expérience.

a) La pensée effective est pensée de ses objets (héritages hégélien et husserlien).

b) Ce n'est pas une pensée contemplative mais une action, transformatrice des contenus qu'elle rencontre dans une situation donnée (composante intuitionniste *et* matérialiste).

c) Le rapport à l'objet n'est médiatisé ni par une synthèse *a priori* (contre Kant) ni par une constitution dans un champ transcendantal (contre Husserl). L'objet n'est pas objet de représentation ; il n'est placé sous l'éclairage ni du « Je pense » kantien, ni de la conscience hégélienne, ni de la conscience pure husserlienne. On peut dire qu'il est objet d'expérience, à condition de préciser que par expérience Cavaillès entend « un système de gestes, régi par une règle et soumis à des conditions, *indépendantes de ces gestes*[21] ». Un système de gestes dépend d'une situation mathématique

20. G.F., p. 158.
21. *PM*, p. 601-604 (souligné par moi).

antérieure qu'il prolonge en s'en affranchissant : le résultat transforme non seulement ladite situation mais le système entier des objets mathématiques, ainsi que l'ont montré Richard Dedekind et bien d'autres mathématiciens après lui. L'expérience est expérimentation sur des situations mathématiques précises, situations abstraites pour le profane, concrètes pour le mathématicien au fait de leurs multiples déterminations. L'expérimentation suppose certes des actes, mais elle ne dépend pas d'eux, c'est la situation et les règles actualisées en elle ou exigées par la solution de problèmes rattachés à elle qui déclenchent et déterminent les actes. Actes et gestes ne sont pas l'initiative d'un sujet, ils sont *objectivement* commandés par la configuration d'un champ d'objets et de problèmes, le « champ thématique ». La rationalité est certes immanente, mais immanente aux contenus objectifs, non à la conscience comme le voulait Brunschvicg, qui souscrivait pourtant à la leçon spinoziste situant dans l'idée la rationalité immanente. Contre Brunschvicg et contre ce que lui-même a pensé initialement[22], Cavaillès restaure la veine objective de l'immanence spinoziste, immanence reprise par Hegel dans le thème du développement immanent du contenu ou automouvement du contenu : le contenu est selon Hegel « concept et essence », il n'a pas besoin d'être soumis à une forme, car il est « en lui-même passage dans [la forme], laquelle cesse d'être extérieure à lui », la forme étant « le devenir indigène du contenu concret lui-même »[23]. Mais chez Hegel, comme nous allons le voir, le concept, qui est

22. « La rationalité de la conscience est véritable immanence, c'est-à-dire qu'aucune exigence – pas plus qu'aucune définition – ne peut la garantir. » *MAF*, p. 189.
23. *PE*, p. 99.

unité de l'être et de l'essence, est le moment dialectique de la *conscience*, tandis que chez Cavaillès le concept est au contraire ce dont toute référence à l'esprit est inutile parce qu'insignifiante au regard de son objectivité. Le concept, la structure, parle de lui-même sur lui-même[24]. Il est intelligible en lui-même, c'est-à-dire sans la médiation de la conscience.

Le concept mathématique est bien unité d'être et d'essence, il est bien un « moment », mais d'une architecture objective en continuelle transformation, architecture en réseau qui s'étend indéfiniment en s'étageant indéfiniment. C'est un moment dans un enchaînement complexe, étagé, nécessaire et imprévisible.

Les mathématiques sont véritablement une expérience parce que tout résultat y est imprévisible autant que nécessaire, radicalement nouveau bien que conditionné par des résultats antérieurs et les problèmes qui s'ensuivent. L'alliance indissociable de ces deux traits en apparence opposés que sont la nécessité et l'imprévisibilité caractérise la « dialectique fondamentale » de la pensée mathématique. Cavaillès l'explique ainsi : « Si les nouvelles notions sont nécessitées par les problèmes posés, cette nouveauté même est vraiment une nouveauté complète. C'est-à-dire qu'on ne peut pas, par une simple analyse des notions déjà employées, trouver à l'intérieur d'elles les nouvelles notions[25]. » On n'est pas dans le registre de la déduction logique mais dans celui de la nécessité dialectique, celle qu'il avait déjà repérée en faisant l'histoire de la théorie

24. *LTS*, p. 506.
25. *PM*, p. 601.

de Cantor[26] et par laquelle il a caractérisé la fécondité du travail mathématique[27].

La toute dernière phrase de *LTS* retentit comme une sentence finale après tous les développements sur la mathématique en tant que faire, et sur les actions, actes et gestes, en tant que vecteurs de ce faire. Cavaillès écrit : « La nécessité génératrice n'est pas celle d'une activité, mais d'une dialectique. » C'est dire et l'importance qu'il accordait à ce processus et la signification dont il l'a en définitive investi pour caractériser le mouvement autonome des contenus au regard de la conscience et, même plus généralement, de l'activité du sujet.

Il est nécessaire ici de donner un bref aperçu de l'histoire moderne de ce terme de « dialectique », qui a perfusé toute la pensée occidentale depuis Hegel, qui l'a remis à l'honneur. Chez les auteurs de langue française la dialectique joue un rôle plus ou moins considérable chez des penseurs aussi divers qu'Octave Hamelin, Gaston Bachelard, Ferdinand Gonseth, Albert Lautman, Jean Wahl, Jean-Paul Sartre, Jean Hyppolite, Éric Weil, Jean-Toussaint Desanti, Gilles-Gaston Granger, etc. Ce que suggère l'expression demeure du reste une cible toujours actuelle, en ce sens que sciences et philosophie se focalisent sur les processus dynamiques, évolutifs, avec rétroaction (*feedback*), en couplant tout contenu au mouvement dont il résulte.

Hegel, donc, a redonné en effet au terme « dialectique » des lettres de noblesse nouvelles. Après lui, le mot est

26. *TAE*, p. 281.
27. *MAF*, p. 180 : « La fécondité du travail *effectif* est obtenue par ces ruptures dans le tissu mathématique, ce passage dialectique d'une théorie portant en elle-même ses bornes à une théorie supérieure *qui la méconnaît quoique et parce qu'elle en procède* » (souligné par moi).

intensivement utilisé ; on y recourt chaque fois que l'on veut souligner ne serait-ce d'abord que l'aspect dynamique et gradué d'un processus, intellectuel ou réel, qui intègre les différences dans une identité complexe. Brunschvicg en use fréquemment tout en en dénonçant les emplois abusifs[28]. Il précise que la dialectique concerne l'activité de la raison, non seulement du point de vue de sa méthode, qui était le point de vue traditionnel depuis l'Antiquité, mais surtout du point de vue de son mouvement propre et de son lien au réel.

Or, comme le reconnaît Brunschvicg, c'est Hegel qui a connecté la dialectique, comme méthode, au devenir et a ainsi renouvelé la réflexion spinoziste sur l'unité de la pensée et de l'être. La diversité et les oppositions ne ruinent ni l'unité interne du mouvement de la pensée, ni l'unité du mouvement du réel, ni encore l'unité de la pensée et du réel. L'identité (de la pensée, de l'être, du lien entre pensée et devenir) n'est pas statique et uniforme mais mouvante et intégrative des altérités ; ce qui est opposé n'est pas nié mais « dépassé », c'est-à-dire conservé comme « moment », étape d'un mouvement ; ce qui est autre n'est pas exclu mais intégré en tant qu'autre. La logique de la pensée est la logique même de l'être en devenir : logique et ontologie coïncident, régies toutes deux par le mouvement dialectique.

Hegel distingue entre *le* dialectique comme moment et *la* dialectique comme méthode. *La* dialectique est un mouvement en trois moments. Le premier est le moment de l'entendement séparateur, moment de l'identité

---

28. Le terme est, écrit-il, chargé de « significations suffisamment obscures et diverses pour qu'y soit sous-entendu le pouvoir de tout contredire et de tout concilier », *Héritage de mots, héritage d'idées*, Paris, PUF, 1945, Appendice II, p. 80.

abstraite ; le deuxième est le moment dialectique, moment *moteur* consistant dans le passage en son opposé de toute détermination finie, c'est le moment du négatif, de l'autonégation de ce qui est déterminé. *Le* dialectique est « le principe de tout mouvement, de toute vie et de toute manifestation active dans l'effectivité [...] il constitue l'âme motrice de la progression scientifique et il est le principe par lequel seule une *connexion et nécessité immanente* vient dans le contenu de la science[29] ». Le moment dialectique s'achève dans le troisième moment de l'activité pensante : le moment spéculatif, qui est celui de l'affirmation positive dans l'Idée de l'identité concrète des opposés. Dans le moment spéculatif, la raison s'accomplit comme miroir de l'être vrai. Et « selon l'universalité de l'Idée, [la méthode dialectique] est autant la manière d'être du connaître, du concept se sachant *subjectivement*, que la manière d'être *objective*, ou plutôt la *substantialité des choses*, – c'est-à-dire des concepts dans la mesure où à la *représentation* et à la *réflexion* ils apparaissent tout d'abord comme *autres*[30] ».

Bien que la dialectique hégélienne offre le substitut recherché à la synthèse kantienne, Cavaillès cite peu le nom de Hegel, sans doute pour éviter de rendre hommage au philosophe qui a fondé sa phénoménologie sur le divorce entre pensée et mathématiques, et a identifié l'histoire avec la logique et celle-ci avec la métaphysique. Hegel est certainement à l'origine du mouvement de philosophie qui, de Kierkegaard à Heidegger et aux existentialistes français,

---

29. *Encyclopédie*, I, § 81.
30. *Wissenschaft der Logik*, III, édition Lasson, Leipzig, Felix Meiner Verlag, 1951, vol. II, p. 486 (soulignements de Hegel). En ligne : http://www.deutschestextarchiv.de/book/show/hegel_logik0101_1812.

tourne le dos à la science, laquelle « ne pense pas[31] ». La riposte de Cavaillès se lit dans le titre de sa conférence commune avec Albert Lautman à la Société française de philosophie : « La pensée mathématique ».

Cependant, Cavaillès ne pouvait passer à côté d'un philosophe qui s'est fondamentalement défini par rapport à Kant et à Spinoza (tout en dialoguant avec Fichte et en polémiquant avec Schelling, qui étaient ses contemporains). Et de fait, toute la réflexion de *LTS*, du début à la fin, est sous-tendue par un canevas qui doit beaucoup à la dialectique hégélienne et s'émaille parfois d'expressions typiques de celle-ci. Comme je l'ai fait observer, la critique de l'extériorité chez Kant du concept au donné empirique, du formel au matériel et de la synthèse au synthétisé est menée d'un point de vue hégélien[32]. C'est même un des passages où Cavaillès cite explicitement *La Grande Logique*[33], plus précisément l'introduction du troisième livre, où Hegel explique son projet de « fluidifier le concept ». Les deux dernières phrases de *LTS* reprennent, au fond, ce même

---

31. « La science ne pense pas » est une formule-choc de Heidegger dans l'essai *Qu'appelle-t-on penser ?*, traduction Becker Aloys et Granel Gérard, Paris, Presses universitaires de France, 1999, p. 98 et 233.

32. Comme l'observe Hegel, « l'expression de l'*unité* du sujet et de l'objet, du fini et de l'infini, de l'être et de la pensée, etc., a ceci d'inadéquat, qu'objet et sujet, etc., signifient ce qu'ils sont *en dehors de leur unité*, que, donc, dans l'unité, ils ne sont plus visés comme ce qu'énonce leur expression », *PE*, p. 85. Hegel souligne ainsi que l'abstraction dogmatique isole artificiellement des aspects qui, en fait, sont relatifs l'un à l'autre. La dialectique est appelée à surmonter cette abstraction.

33. Le titre original est *La Science de la logique* (*Wissenschaft der Logik*) ; la « petite logique » désigne la première partie de l'*Encyclopédie des sciences philosophiques* (*Enzyklopädie der philosophischen Wissenschaften*).

projet mais d'une autre manière, que je vais expliciter plus loin. Entre-temps, le thème de la dialectique hégélienne est présent, en contraste avec le thème du recours à la conscience, et affleure explicitement dans des tournures significatives telles que la « différenciation de la pensée », l'« enchaînement effectif des contenus intelligibles », la « dialectique de la prévision[34] », etc. Il affleure aussi dans la critique récurrente de la juxtaposition combinatoire de Leibniz, où, par un réalisme logique, tous les éléments précèdent les combinaisons qui les arrangent en ensembles distincts et copossibles. La fréquence du thème dialectique dans *MAF* et dans *LTS impose* de ne point sous-estimer le lien non revendiqué de Cavaillès avec Hegel : la discrétion de Cavaillès sur ce point répondait à la distance à laquelle la plupart des rationalistes français maintenaient Hegel. Mais faire de la « dialectique génératrice » et de la « philosophie du concept » le projet phare du futur, c'est évoquer inévitablement Hegel sans le citer nommément. Que les concepts clés de l'hégélianisme (concept, dialectique, expérience, effectif, etc.) prennent un sens différent ou même opposé à celui qu'ils ont chez Hegel est une autre affaire, qui sera débrouillée plus loin. Pour le moment je voulais marquer que les outils fournis par Hegel à l'analyse sont mobilisés dans la critique ou la présentation des philosophies grâce auxquelles Cavaillès précise son propre parcours. Chose bien singulière notamment que la lecture hégélienne de Bolzano par Cavaillès dans son éloge du mathématicien promoteur de la démonstration nécessaire contre l'évidence faillible[35]. Le nécessaire en mathématiques

---

34. Il faut rapporter cette expression à l'analyse du pari, que nous avons évoquée au chapitre II.
35. *LTS*, p. 501-508.

en effet n'est autre que le démontré. Cavaillès affirme dans une veine spinoziste : « Il n'est qu'une façon de s'imposer par une autorité qui n'emprunte rien au dehors, il n'est qu'un mode d'affirmation inconditionnelle, la démonstration[36]. »

Par un retournement de l'argumentaire hégélien, Cavaillès va doter la démonstration mathématique de tous les caractères que Hegel lui refuse. Pour Cavaillès en effet la démonstration porte le mouvement dialectique, puisqu'elle est la colonne vertébrale d'une « progression nécessaire et indéfinie », fermée sur soi, marquée par une unité qui n'est ni *a priori* ni *a posteriori*, mais présente tout entière à chaque étape. L'unité dialectique, en effet, est un mouvement où le postérieur absorbe l'antérieur et le supprime en le conservant (c'est l'*Aufhebung* de Hegel) ; « tout concept ou système de concepts, écrit Cavaillès en termes hégéliens reconnaissables, par cela même qu'il se pose, est à la fois exclusion et exigence de l'Autre[37] », et quelques lignes plus bas : la « propriété du mouvement [c'est] l'absorption de l'antérieur par le postérieur qui le justifie et dans une certaine mesure le supprime ». La structure démonstrative de la science se manifeste dans le mouvement même de la science et constitue le principe de la nécessité de ce mouvement. Cette nécessité est interne : elle ne renvoie à rien d'autre qu'à la science elle-même. «Volume riemannien qui peut être à la fois fermé et sans extérieur à lui[38] », la science est à la fois « expansion et clôture », sans plus de rapport structurel avec le savoir total de la

36. *LTS*, p. 506.
37. Dans *TC*, p. 469, Cavaillès avait écrit : « Il y a dans l'objet mathématique singulier comme une affinité avec ce qui n'est pas lui, par quoi il échappe à sa définition et justifie le progrès en lui. »
38. *LTS*, p. 506.

conscience absolue qu'avec l'être immédiat. L'objection à la vision hégélienne n'est pas moins transparente que la critique de la relation kantienne au sensible ou du lien husserlien au « monde de la vie ».

Ainsi, Bolzano est crédité d'avoir évité à la fois la subordination à l'historique et la subordination à l'absolu de la conscience. Cette séquence bolzanienne est très significative ; elle sert, en fait, à combattre Hegel avec ses propres armes : si le mouvement mathématique est de type hégélien, son principe est radicalement non hégélien. Le principe n'est pas la conscience absolue comme chez Hegel, mais la mathématique même, dont Hegel pensait qu'elle est, en tant que science seulement quantitative et spatiale, le règne de l'extériorité et des vérités non effectives parce que *fixes*.

En effet pour Hegel la mathématique ne fournit pas, contrairement à ce qu'a soutenu toute la tradition philosophique, et Spinoza en particulier, le paradigme de la connaissance, parce que le mouvement de la preuve n'est pas un mouvement interne. Il écrit, par exemple, « le mouvement de la preuve mathématique n'appartient pas à l'objet, mais il est une opération extérieure » à lui[39]. Un résultat démontré se détache du mouvement par lequel il est établi, en ce sens qu'il est alors un résultat *fixe*, où s'ignore la temporalité de sa constitution. La preuve concerne, du point de vue de Hegel, non pas le contenu en lui-même, mais le rapport du contenu au sujet : la production du résultat est un *moyen* de la connaissance, les instruments de la preuve n'ont de nécessité qu'*a posteriori*, une fois la preuve aboutie ; la connexion nécessaire ne surgit pas du

39. *PE*, p. 86. Des considérations similaires se trouvent dans *La Grande Logique*.

contenu même mais de sa preuve[40]. C'est pourquoi la vérité
d'un résultat mathématique est différente par *nature* de la
vérité philosophique, laquelle, seule, est un automouvement. La mathématique est la science du « vrai sans effectivité » ; « la vérité [philosophique ou vérité tout court] est
son propre mouvement à même elle-même, tandis que la
méthode [mathématique, faite d'explications, d'axiomes,
de théorèmes, de leurs preuves] est la connaissance qui
est extérieure au matériau »[41].

Cavaillès ne pouvait retenir l'opinion dépréciative de
Hegel sur la mathématique ni ses vues sur l'extériorité de la
preuve ou sur la relation d'égalité comme identité abstraite
sans rapport à son être-autre. Il porte, tout au contraire,
la nécessité interne et la dialectique au cœur même de la
« mathématique en acte ». Pour lui, la démonstration déroule
les processus « constitutifs de l'essence de la pensée »,
idéalisation longitudinale et thématisation transversale,
en tant que la pensée est pensée effective du contenu.
C'est pourquoi ces processus, reconnus dans la pratique
mathématique réfléchie par Hilbert et par Husserl, sont
analysés pour eux-mêmes[42], indépendamment de l'examen
postposé de la philosophie de Husserl. L'analyse en est
imprégnée de dialectique hégélienne : l'idéalisation,
par exemple, appréhende toute singularité en tant que
quelconque, et ainsi « tout en la posant la supprime ». À

40. Hegel évoque le théorème d'Euclide selon lequel le carré
de l'hypoténuse d'un triangle rectangle est égal à la somme des
carrés des côtés. La construction *prescrite* pour la preuve, écrit-il,
ne s'impose pas *d'emblée*, sa nécessité n'apparaît qu'à la fin. Plus
généralement, Hegel critique le formalisme kantien de la *construction*
du concept dans l'intuition (*PE*, p. 94 *sqq.*).

41. *PE*, p. 91.

42. *LTS*, p. 509 *sqq.*

l'instar de Hegel, Cavaillès parle de « *libération* de sens » et revient une fois de plus à la critique du kantisme, menée depuis le début sous les auspices de Hegel : « La synthèse que Kant décèle dans la pensée ne réclame aucun divers fourni ou différent mais elle-même, multiplicité par ses moments [autre terme typiquement hégélien] et son progrès. » Simultanément, Cavaillès veut éviter une totalisation à la Hegel, où en se plaçant d'emblée au terme final, s'il en est, du processus, on en viendrait à considérer le sens comme forme unique tout au long des diverses étapes. De fait, en mathématiques il n'y a pas de téléologie ; il s'y opère sans cesse des bifurcations imprévues et un feuilletage où un mouvement transversal de thématisation vient sans cesse reconduire la pensée à ses modes opératoires. De plus, les mouvements longitudinal et transversal s'enchevêtrent indéfiniment si bien qu'il n'y a ni commencement ni fin absolus ; une formule de facture spinoziste le précise : « L'idée de l'idée* manifeste sa puissance génératrice […] sans préjudice d'une superposition illimitée[43]. » L'idée de l'idée, Spinoza la définit comme la forme de l'idée[44], de sorte que la forme n'est rien d'autre que le contenu réfléchi en soi, la réflexion étant celle du contenu idéel et non celle de la conscience conceptualisante. D'où le rapprochement manifestement fait par Cavaillès avec les processus d'idéalisation : passage des opérations singulières à leur forme, et de thématisation : transformation de la forme en objet, l'idée devenant l'idéat (dans la terminologie de Spinoza) d'une autre idée.

La caractérisation des mouvements enchevêtrés d'idéalisation et de thématisation contient en fait une refonte,

43. *LTS*, p. 514 ; voir aussi *PM*, p. 602.
44. *Éthique*, proposition 43, scholie.

non déclarée, du point de vue hégélien. Hegel excluait du mouvement dialectique immanent la mathématique, science de la quantité et de l'espace, « science du vrai sans effectivité ». Cavaillès l'y intègre. Hegel tenait les propositions mathématiques pour ineffectives, « fixées, mortes », incapables de « mouvement qualitatif, immanent, [d']automouvement ». Cavaillès montre, au contraire, que le devenir mathématique est effectif, que le concept mathématique se mue lui-même d'un contenu à un autre, incarnant par excellence l'automouvement qualitatif et immanent, et que la démonstration est la source et la justification de la nécessité interne qui parcourt cet automouvement. Il est vrai qu'entre-temps la mathématique a cessé d'être définie comme science de la quantité et de l'espace, ou science du nombre et de la mesure : l'algèbre a développé une « science des idées », les raisonnements structuraux permettant, selon une formule célèbre d'Évariste Galois (1811-1832), qui en fut l'initiateur, de « sauter à pieds joints sur les calculs ». La géométrie, de son côté, n'est plus considérée comme la science de l'espace (euclidien) mais comme un système défini par des invariants à la manière de Felix Klein dans son *Programme d'Erlangen* (1872)[45] ou par des axiomes à la manière de Hilbert dans *Les Fondements de la géométrie* (1899). Enfin, renouant avec l'*Analysis Situs*[46] de Leibniz, la topologie a développé les démarches qualitatives pour expliciter les

45. Titre original : « Vergleichende Betrachtungen über neuere geometrischen Forschungen ». Traduction française : « Considérations comparatives sur les recherches géométriques modernes », *Annales de l'ENS*, 1891 ; réédition : *Le Programme d'Erlangen*, Paris, Gauthier-Villars, 1974.

46. Leibniz conjectura la possibilité d'une caractéristique géométrique, c'est-à-dire d'un symbolisme spécifique qui permette

principes généraux de l'analyse des fonctions de variables réelles ou complexes et aborder, entre autres, les équations différentielles* par l'étude structurale de la forme de leurs expressions symboliques. Plus généralement, Cavaillès ne partage ni le dédain de Hegel pour les sciences positives ni son exaltation de la « science spéculative » réalisée par la philosophie dans son projet de se constituer en miroir (*speculum*) pensant de l'être. « Ce qui est vrai dans une science, écrit Hegel, l'est par l'intermédiaire et en vertu de la philosophie, dont l'encyclopédie embrasse par conséquent toutes les sciences véritables[47]. » Cette subordination des sciences positives à la philosophie est un des points les plus honnis par Brunschvicg, Cavaillès, Canguilhem et toute l'école française d'épistémologie historique dont les tenants se mettent au contraire à l'école de la science pour y suivre les sinuosités[48] et la progression *effective* par laquelle le vrai échappe à la fixité et à l'extériorité. La promotion de l'histoire des sciences vient justement conforter le dessein d'investir la pensée dans le détail des sciences positives : en même temps qu'un nouveau rapport de la science à la philosophie, elle définit un nouveau rapport de l'histoire à la philosophie, effets d'une nouvelle conception de la vérité où l'expérience scientifique fournit ses objets (concepts et méthodes) à la méditation philosophique.

de calculer avec des lettres représentant des points comme l'algèbre calcule avec des lettres représentant des nombres.

47. *Encyclopédie*, I, § 10.

48. André Weil écrit à sa sœur Simone « Le mathématicien est tellement soumis au fil, au contrefil, à toutes les courbures et aux accidents mêmes de la matière qu'il travaille, que cela confère à son œuvre une espèce d'objectivité. Mais l'œuvre qui se fait [...] est œuvre d'art, et par là même inexplicable (elle est à elle-même son explication). », in Simone Weil, *Œuvres complètes, op. cit.*, t. 7, p. 533.

La dialectique selon Cavaillès se différencie donc de la dialectique hégélienne sur les points suivants. 1) C'est une *dialectique mathématique*, paradigme de la dialectique de la raison et qui vise la vérité effective, historique non au sens où le vrai peut devenir faux, mais au sens où apparaissent et se précisent les déterminations du vrai par rapport à des situations historiques. 2) La dialectique mathématique ne repose pas sur les couples négatif/positif et contradiction/conciliation, mais sur les couples opération/objet et limite/extension ou détermination/généralisation. 3) La dialectique n'a ni commencement ni fin, elle échappe à l'illusion de l'origine et au décret du « une fois pour toutes ». 4) Nulle raison finale ne vient détrôner les raisons partielles et interrompre l'enchaînement indéfini des contenus correspondants. 5) Puisqu'il n'y a pas de finalité, mais seulement de la nécessité, il y a vraiment de l'imprévisible qui aménage différemment la nécessité, celle-ci n'étant dans l'effectivité ni linéaire ni purement déductive : le mathématique déborde le logique et se tient éloigné du métaphysique. 6) Le moteur du progrès mathématique est mathématique : la nécessité est interne, nécessité rationnelle mais nécessité matérielle, nécessité de contenu, non apposée extérieurement par une conscience soucieuse de son pouvoir sur le contingent. L'œuvre mathématique est à elle-même sa propre explication, le point de vue de Cavaillès fait écho à celui de son ami André Weil.

Pour Cavaillès, en établissant des relations de dépendance objective, la démonstration manifeste la nécessité mathématique, ainsi que l'ont enseigné Bolzano, Dedekind et Frege. De la réflexion sur son mouvement naît la théorie de la démonstration de Hilbert, puis la constitution de la sémantique formelle de Tarski, qui, à côté des règles de formation des énoncés et des règles de consécution des

propositions, envisage les objets mêmes mis en jeu dans
la formalisation des énoncés mathématiques : variables,
fonctions, relations, individus, déduction, définition, théorie.
La sémantique formelle réoriente donc la pensée de la
réflexion sur les règles vers une réflexion sur les objets.
Mais la thématisation indéfinie empêche désormais de
considérer le plan des objets comme une base immobile
dont la formalisation constituerait la théorie. Qu'est-ce
donc qu'un objet mathématique ? Nous avons déjà vu
que ce n'est ni un objet en soi ni un objet empirique, mais
une superposition de sens, objective en ce qu'elle est « une
réalité se suffisant à soi et manifestant de façon quelconque
une dualité avec l'acte pur immergé dans l'enchaînement
qu'il déroule[49] ». La théorie de la démonstration en tant
qu'enchaînement nécessaire nous renvoie ainsi à une théorie
des objets ou ontologie et à un examen final de la dualité
objet/acte dont la phénoménologie de Husserl a fait un
thème central. C'est en quelque sorte le dernier round du
match entre conscience et contenu.

49. *LTS*, p. 525.

VIII

La philosophie du concept

Comme annoncé, et compte tenu de ce qui a été montré à propos de l'activité de la conscience selon Brouwer et selon Brunschvicg, ainsi que du procès d'objectivation à travers idéalisations et thématisations indéfiniment superposées, l'examen par Cavaillès de la dualité husserlienne acte/objet ou acte/sens aboutit à l'appel à une philosophie du concept.

Un autre rationalisme

Par cet appel, lancé dans l'avant-dernière phrase de *LTS*, Cavaillès signifie qu'il ne veut ni d'une philosophie de la conscience ni d'une philosophie du jugement, bref qu'il récuse toute philosophie du sujet par quelque aspect qu'on la présente. Cavaillès tourne carrément le dos à l'environnement philosophique immédiat de ses années de formation. Les philosophies rationalistes françaises du début du XXe siècle sont, pour la plupart, des philosophies du jugement ou des philosophies de la conscience, dans une tradition cartésienne (Brunschvicg, Alain) qui distingue entendement et jugement. Le programme de philosophie du concept est une invitation à une philosophie du point de vue de l'objet, tenant compte tant de l'injonction hégélienne que de la perspective sémantique rénovée par Bolzano, Frege, Husserl, Tarski.

Avant de montrer comment ce programme s'origine dans un Hegel largement revisité, je voudrais observer que l'expression même de « philosophie du concept » ne se trouve pas telle quelle, du moins à ma connaissance, dans Hegel, où, cependant, le concept est omniprésent en tant que « pensée se mouvant et se différenciant elle-même[1] », réconciliant entendement et raison : en tant que devenir mobile, l'entendement rejoint la raison. La pensée rationnelle, ou concevante comme le dit Hegel, réunit la pensée du réel et le réel pensé, dépassant les divisions de l'entendement. Une philosophie de la *pensée* mathématique, telle que la visait Cavaillès, se devait naturellement d'être une philosophie du concept. Cependant, j'ai retrouvé cette expression dans les discussions à la Société française de philosophie en 1923 provoquées par la publication en 1922 de *L'Expérience humaine et la causalité physique* de Léon Brunschvicg. Participant aux discussions, Dominique Parodi observe que « toute la dialectique de M. Brunschvicg s'emploie [...] à ruiner ce qu'il appelle la philosophie du concept et à mettre en pleine lumière le caractère discontinu, imprévisible, des procédures par lesquelles le

1. *PE*, p. 99.

savant construit la science[2] ». Brunschvicg avait précisé en
effet : « Le conceptualisme logique est raide et inflexible, il
voit partout des dilemmes. [...] Le *rationalisme sans concepts*,
le rationalisme des liaisons intellectuelles, des relations
mathématiques (et je ne l'invente pas pour les besoins de la
cause, c'est celui que Descartes opposait, avec une netteté
mémorable, aux "universaux des dialecticiens") implique un
rythme de progrès indéfini[3]. » Ainsi Brunschvicg n'évoque
la philosophie du concept que pour l'exclure. Cavaillès va
reprendre l'expression en en faisant au contraire l'étendard
d'un programme à réaliser : le rationalisme du concept
en place et lieu du rationalisme sans concepts prôné par
Brunschvicg. En somme Cavaillès écarte Brunschvicg
du chemin qui le mène au concept hégélien. Il rejette les
idées, chères à Brunschvicg et qu'il avait embrassées, de
« conscience intellectuelle », de « vie spirituelle », de « progrès
de la conscience » ou même de « devenir de la conscience »
(expression hégélienne sous la plume de Brunschvicg),
et envisage le conceptualisme hégélien que Brunschvicg
considérait comme une régression par rapport à la *Critique*
de Kant de manière à n'en conserver que ce qui lui est
commun avec le spinozisme de l'idée. Et il restaure la
continuité rationnelle par-dessus la discontinuité historique.

Faisons le partage entre Brunschvicg et Cavaillès, le
maître et le disciple. 1) Cavaillès envisage le mouvement de
la pensée plutôt que le mouvement de l'esprit, l'intellection
plutôt que la conscience, la compréhension plutôt que le
jugement. 2) En conséquence, il sépare l'épistémologie,
histoire critique, de la psychologie, fût-elle comme chez

2. Discussions reproduites dans Brunschvicg Léon, *Écrits
philosophiques*, *op. cit.*, t. II, p. 152.
3. *Ibid.*, p. 135 (souligné par moi).

Brunschvicg une psychologie de l'intelligence *en général* et non une psychologie d'individus. 3) Cavaillès ne conçoit pas le rationalisme à la manière de Brunschvicg, pour qui « la tâche du rationalisme est de regarder du côté du sujet, en interprétant le programme de la Critique d'une façon plus rigoureuse que l'ont fait Kant, et Fichte lui-même[4] ». En particulier, Cavaillès ne met pas comme Brunschvicg l'accent sur la « conscience spinoziste » comme adéquation dans l'éternité du *cogito* et de la *cogitatio*, ou de l'entendement et de l'intuition. 4) Cavaillès entend « concept » en un sens qui ne le réduit pas du tout à n'être qu'une forme logique, vide et abstraite, et lui redonne le caractère de contenu concret dont l'avait pourvu Hegel en le pensant comme unité de l'universel et du singulier, élément et moyen par excellence donc de la connaissance du troisième genre selon Spinoza. 5) C'est pourquoi, enfin, Cavaillès prend au sérieux la dialectique du concept comme reportant l'intérêt de la conscience vers l'être, du sujet vers l'objet, du mouvement du *cogito* avec tout ce qu'il comporte d'intériorité conscientielle et d'intuition hasardée vers le mouvement objectif et nécessaire des contenus démontrés. Loin d'être le moment dialectique de la conscience, le concept est le versant objectif de l'activité mathématique concrète sur laquelle Cavaillès s'est appuyé contre le formalisme abstrait de la déduction logique, contre la subjectivité d'une conscience souveraine, et contre la métaphysique de l'en-soi. En somme il n'y a pour Cavaillès ni formes en soi ni conscience en soi, c'est-à-dire conscience une et ordonnatrice de concepts.

4. *Ibid.*, p. 88.

Le concept

Deux sources différentes se conjuguent dans la promotion du concept par Cavaillès. L'une est mathématique : elle vient avant tout de la leçon d'habilitation de Dedekind en 1854 et de la *begriffliche Mathematik* (« mathématique conceptuelle ») développée dans l'école de Hilbert et Emmy Noether à Göttingen au début du xxe siècle. Cavaillès commente le double mouvement nécessaire par lequel s'élargit le champ des éléments sur lesquels porte une opération, disons l'addition des nombres entiers (étendue aux nombres rationnels, réels, complexes), et se modifie la définition de ladite opération, initialement restreinte aux entiers. Il ambitionne de « faire la théorie » de cet « engendrement nécessaire de concepts nouveaux », marque du « dynamisme interne de la mathématique autonome »[5], que Dedekind a illustré dans ses écrits. En particulier Cavaillès jauge la référence de Dedekind à l'activité de l'entendement en lui opposant la conception objectiviste du concept promue par Frege dans *Les Fondements de l'arithmétique* (1884). Entre les deux, le choix de Cavaillès n'est pourtant pas tranché, car à la conception de Frege est attaché un *réalisme* des concepts, qui sont supposés exister en soi immuablement : comme le géographe découvrant une terre nouvelle, le mathématicien ne peut que découvrir *ce qui est* et lui donner un nom. Cavaillès s'en tient à l'*objectivité* du concept, à distinguer de sa *réalité* supposée, et la repense à la lumière du dynamisme attesté des mathématiques : le concept est en *devenir*.

5. *MAF*, p. 61-66.

C'est là qu'intervient la source philosophique qui remonte indéniablement à Hegel et à son invite à l'« attention au concept ». Hegel situe le concret non dans la chose sensible *séparée* mais dans le mouvement du concept par lequel est dépassée l'extériorité de la chose à son contenu conceptuel. Le concept ne reçoit pas son contenu du sensible immédiat (l'être), ni même de l'essence pensée, il le crée. Pour Hegel le concept est l'unité ou identité comprenant en elle la diversité parce qu'elle la produit. Il comporte comme ses moments la fixation à soi abstraite, opérée par l'entendement, et la différenciation d'avec soi, l'opposition à soi, proprement dialectique, de la raison. Élever la pensée au concept, tel fut le projet de Hegel, pour qui la vérité est « à même le concept[6] ». Empruntons à Bernard Bourgeois un raccourci éclairant : « Le devenir de l'être est extérieur à ses moments et les laisse extérieurs les uns aux autres, tandis que la réflexion de l'essence fait paraître ses moments les uns *dans* les autres, avant que le développement du concept ne les fasse *se poser les uns les autres* jusqu'à l'auto-création de leur totalité, l'Idée rendue immédiate [...] et créatrice elle-même de l'être [...][7]. »

Moyennant le mouvement qui les rend fluides, « les pensées deviennent des concepts et sont alors seulement ce qu'elles sont en leur vérité, des auto-mouvements, des cercles, [...] des essentialités spirituelles[8] ». Le concept est l'être se comprenant lui-même et, comme le souligne B. Bourgeois, « le grand saut n'est pas de l'être à l'essence, mais de l'essence (fondant l'être) au concept qui crée [l'être

6. *PE*, préface, p. 61, 127-130.
7. *Le Vocabulaire de Hegel*, Paris, Ellipses, 2011, p. 86.
8. *PE*, p. 81.

et l'essence][9] ». Le concept crée ce dont il est le concept et réalise le tout de l'être, qui est pour Hegel le sujet ou l'Esprit absolu*.

Chez Hegel, l'expérience désigne le savoir en tant qu'il est pensé comme processus. Si on s'en tient là, on dira que Cavaillès – mais évidemment pas seulement lui – a bien mis en œuvre cette définition. Cependant et plus précisément, Hegel nous dit que l'on « désigne par expérience ce mouvement dans lequel l'immédiat, ce dont on n'a pas l'expérience, c'est-à-dire, l'abstrait, que ce soit celui de l'être sensible ou celui du simple seulement pensé, se sépare de lui-même en se rendant étranger à lui-même, puis fait retour, d'une telle séparation, à lui-même, et par là est seulement maintenant présenté dans son effectivité et sa vérité, de même qu'il est aussi propriété de la conscience[10] ». La conscience est conscience de l'objet et conscience de soi*, conscience du vrai et conscience du savoir qu'elle en a. Si les deux termes ne se correspondent pas, comme il est logique de l'envisager dans une perspective dynamique où il n'y a pas de coïncidence immobile, la conscience change son savoir pour le rendre conforme à l'objet ; ce faisant elle a changé aussi, pour elle, l'objet lui-même. Ainsi, « ce mouvement *dialectique* que la conscience pratique à même elle-même, aussi bien à même son savoir qu'à même son objet, *dans la mesure où, pour elle, le nouvel objet vrai en surgit*, est proprement ce

9. *Le Vocabulaire de Hegel, op. cit.*, p. 57-58.
10. *PE*, p. 82-83. Rappelons que selon Hegel l'immédiat est ce dont on *n'a pas* l'expérience et, par conséquent, est abstrait ; d'où la vive protestation des philosophes de l'existence (Kierkegaard, Gabriel Marcel, Jean Wahl, etc.).

que l'on nomme *expérience*[11] ». L'expérience est constituée
par la dialectique de la conscience.

On voit donc que Hegel appréhende l'expérience et
la dialectique du point de vue du sujet, qui constitue la
« véritable substance », totalité non seulement cause de soi
mais aussi effet de soi, être qui ne se contente pas d'être
là, mais a en lui la « puissance du négatif », c'est-à-dire
la puissance du mouvement qui de l'immédiat abstrait
mène à l'effectivité concrète, de la perception sensible au
savoir absolu spéculatif, de la conscience d'objet (savoir
de l'objet) à la conscience de soi (savoir de soi-même,
négativité, mouvement où se supprime l'opposition entre
l'objet et elle-même), et de la conscience de soi à l'Esprit.
« Seul le spirituel est l'effectif », car « il est à lui-même
objet, mais immédiatement aussi objet supprimé, réfléchi
en soi[12] ». L'Esprit se pose lui-même en tant qu'unité de
la conscience d'objet et de la conscience de soi, totalisation
des différents moments (ou figures) de la conscience dont
chacun « se perd dans l'autre et l'engendre[13] ».

Le mouvement dialectique, selon Hegel, a son élément
dans le pur concept et, « *de ce fait*, a un contenu qui est,
de part en part, en lui-même, un sujet[14] », c'est-à-dire une
identité de l'être et de la pensée. C'est pourquoi la théorie
du concept constitue la « logique subjective ». Penser la
substance comme sujet se traduit en effet par le fait que
la « logique objective », qui fait passer de l'être immédiat
(théorie de l'être) à l'essence comme être devenu (théorie de
l'essence), se développe en « logique subjective », couronnée

---

11. *PE*, p. 127 (soulignements de Hegel).
12. *PE*, p. 73.
13. *PE*, p. 547.
14. *PE*, p. 107 (souligné par moi).

par l'Idée* comme unité du concept et de l'être produit par le concept[15].

Cavaillès, au contraire, appréhende l'expérience et la dialectique du point de vue de l'objet et seulement du point de vue de l'objet. Pour le terme « expérience » en particulier, c'est un renversement radical par rapport au sens reçu et le plus courant encore aujourd'hui, qui implique un sujet qui éprouve ou fait l'expérience. Un hégélien chevronné comme Bernard Bourgeois souligne à juste titre l'erreur qui consiste à interpréter le mouvement dialectique de Hegel, « cette marche qui s'engendre elle-même », comme un processus sans sujet, alors qu'il est en fait la libre « autoconstitution du sujet », autoconstitution prouvée parce que nécessaire et non inversement nécessaire parce que prouvée[16]. Mais opérant une inversion analogue à celle de Marx, la dialectique sans sujet de Cavaillès et de ceux qu'il a lui-même inspirés est une dialectique matérielle et non une dialectique spirituelle, dialectique non du sujet mais du contenu en tant que contenu objectif, parenthèse ayant été faite du contenu en tant que contenu subjectivé ou conscience objectivée. Bien sûr, il faut préciser que l'analogie avec Marx ne vaut pas identité, puisque Cavaillès n'applique pas le schéma dialectique au monde de la vie, de la société et de l'économie. Il se situe même, en ce qui concerne les mathématiques intrinsèquement, au pôle diamétralement opposé à celui où l'on verrait toute pensée naître du monde réel, social, politique,

---

15. L'Idée est l'expression du sens dans la sphère de la pensée ; elle se réalise de manière sensible dans la nature et de manière spirituelle dans l'Esprit ; l'Idée est la forme supérieure de l'Esprit, s'extériorisant dans la nature et dans l'histoire.

16. *PE*, p 106, note 1.

économique, technique, industriel. La dialectique de la pensée mathématique n'est pas, en elle-même, dialogue ou interaction entre objet et sujet, réel et idéel.

Cependant, tandis que chez Hegel le mouvement dialectique exprime la liberté du sujet, il exprime chez Cavaillès l'autonomie de l'objet. Ce que Cavaillès ne peut accepter c'est le principe même de la phénoménologie de l'esprit, caractérisée par Hegel comme la science de l'expérience de la conscience conduisant ou aboutissant à ce que la conscience, saisissant son essence, désigne du même coup la nature du savoir absolu. Le savoir absolu, qui est l'esprit se sachant lui-même comme esprit, achève la succession des figures de la conscience de soi par la conscience de l'unité de ses moments comme processus par lequel la conscience de soi s'aliène dans l'autre pour revenir à soi. Dans la conscience il y a deux choses : le fait que je sais et ce que je sais. Ces deux choses se confondent dans la conscience de soi, car l'esprit se sait lui-même : il est le jugement de sa propre nature ; il est aussi l'activité par laquelle il revient à soi, se produit ainsi, se fait ce qu'il est en soi. Le savoir absolu n'est pas l'absolu du savoir mais le savoir se sachant savoir d'un sujet, conscience de soi, unité de l'objectif et du subjectif, passage de la phénoménologie à la logique et intégration dans la logique de la dimension historique et progressive de l'esprit.

Cavaillès s'approprie le mouvement de la dialectique hégélienne, mais en dépouillant celle-ci de son idéalisme et de son terme spéculatif. Il est bien question de la vérité comme processus historique et dialectique, et ce processus est bien porté par les contenus, mais les contenus tels qu'en eux-mêmes et non en tant que figures de la conscience. C'est pourquoi l'histoire des contenus mathématiques n'est pas une histoire, ni au sens de l'histoire événementielle ni au sens d'incarnation historique d'un rationnel linéairement orienté. Le processus dialectique ne se résout pas dans la conciliation spéculative de l'objet et du sujet ; si Hegel a cru bon de « dépasser » le spinozisme, en conjoignant le vrai objectif (le vrai comme substance) au vrai comme sujet[17], Cavaillès entend s'en tenir à Spinoza, plus directement accessible à une perspective matérialiste. Cavaillès l'a expressément reconnu, ses conclusions sont compatibles avec le matérialisme historique. En choisissant Spinoza contre Hegel, il remet, à sa manière, la dialectique sur ses pieds : le progrès est matériel, ainsi qu'il est écrit dans les dernières lignes de *LTS*, et le moteur de la progression n'est pas la négativité de la conscience, mais la positivité de l'idée ou matérialité du contenu en tant que réponse à un problème par elle résolu et matrice de nouveaux problèmes et de nouvelles idées. Les liens internes et objectifs des idées sont le liant des moments de la conscience ; la conscience n'est pas seulement *immanente* à ses produits, elle est pour ainsi dire *immergée* en eux, « perdue » en eux, écrit Cavaillès d'un mot typique du romantisme hégélien. Mais les mots de Hegel sont retournés contre lui, car l'immanence n'est pas immanence de la *conscience* mais immanence de l'essence à la *pensée* lorsque celle-ci est à son point absolu de rationalité, comme dans la pensée mathématique[18]. L'idée comme contenu est le donné, « essence singulière », pour la pensée, l'expérience mathématique, mais elle enveloppe l'affirmation d'elle-même et offre déjà elle-même, en sa structure et en son contexte internes, la médiation par laquelle elle se

17. *PE*, p. 68.
18. « L'absolu de pensée qui est l'essence de l'Être nous est immanent ailleurs, dans l'invention mathématique par exemple. » Lettre à Étienne Borne du 25 août 1930.

dépasse dans une autre idée. Le développement n'est pas *d'abord* mouvement de conscience, ou mouvement de l'en-soi abstrait au pour-soi, ni même « dialogue » entre une activité consciente et ses conditions objectives, comme Cavaillès le laissait penser dans la conclusion de *MAF*, mais mouvement du contenu tel qu'il se pose et se transforme dans la pratique mathématique. Hegel présentait le progrès du contenu comme intervenant pour ainsi dire dans le dos du développement de la conscience ; pour Cavaillès c'est au contraire la conscience qui serait l'envers des liens internes des idées. Il n'y a pas d'idée isolée et il n'y a pas de conscience surplombant unitairement les idées. L'idée est le produit de la pensée, qui, elle, n'est pas le produit de la conscience. Reprenant Spinoza, Cavaillès débarrasse la pensée de son lien à la conscience, parce que ce lien est indifférent à la science démontrée. L'idée a en elle-même la puissance de s'affirmer ou de se nier, et le dynamisme des idées procède d'un « automatisme idéel ». Différenciation d'avec soi et mouvement dialectique sont inscrits dans les couches du contenu et les problèmes qu'elles recèlent ; le processus est objectuel, matériel. Comme chez Spinoza, il n'y a pas de sujet de la connaissance, parce que l'idée elle-même est active et que les idées vraies sont adéquates, c'est-à-dire n'ont de rapport qu'avec elles-mêmes et entre elles. Mais Cavaillès va encore plus loin dans la radicalité objectiviste : l'idée n'est plus ce qu'elle était chez Spinoza, un « concept de l'âme », c'est-à-dire une « action de l'âme »[19] réglée par des lois qui ne proviennent pas de l'âme, ce qui faisait dire à Spinoza que l'âme (l'esprit) est un « automate spirituel[20] ». En d'autres termes, pour Spinoza l'esprit agit

19. *Éthique*, II, définition 3.
20. *Traité de la réforme de l'entendement, op. cit.*, § 85.

non de sa propre initiative, mais selon des lois nécessaires qui le « plongent » dans l'ordre naturel universel : ce sont les lois de l'attribut pensée auquel l'esprit appartient en tant que mode. Cavaillès pense l'idée et le concept purement dans leurs effets objectifs et purement par les lois nécessaires qui ordonnent ces effets. C'est, pour reprendre une expression de Michel Foucault, un « matérialisme de l'incorporel[21] ».

Ce n'est pas qu'il n'y a pas de subjectivité réflexive pour Cavaillès, puisque c'est même elle qui permet, comme on l'a vu dans les lettres à Étienne Borne, de penser les affections du corps et les sentiments par la compréhension que j'en prends. C'est que la réflexivité de l'idée, en tant qu'idéat, que contenu, est objective, elle a sa source en elle-même. L'activité vient de l'idéat, du contenu, de ce qui est signifié par des mots, des signes, des équations, des formules, des diagrammes, des figures. Le concept est un « être de raison★ » (*ens rationis*) produit de l'activité rationnelle, qui n'a rien gardé du parcours subjectif qui y a conduit. Le sujet est acteur seulement dans la mesure où il effectue un processus dont l'initiative vient de l'objet, dont les lois sont dictées par le déploiement propre des contenus et de leurs transformations exigées. Le sujet est un médium par qui s'actualisent les lois de l'objet.

La « réflexion » n'est pas primairement un phénomène de conscience, une prise ou reprise subjective, mais un phénomène objectuel comparable à la lumière changeant de direction (se réfractant ou se diffractant) selon le milieu qu'elle atteint (miroir ou prisme).

Non seulement la dialectique selon Cavaillès manifeste la dimension historique, mais elle l'accentue aux dépens

21. *L'Ordre du discours*, Paris, Gallimard, 1971, p. 60.

de la logique subjective, schéma d'un mouvement finalisé et donc sans véritable imprévisibilité. Et surtout c'est une dialectique *pratique* : le *travail* du mathématicien consiste à poser et résoudre des problèmes mathématiques précis, à réviser perpétuellement les contenus porteurs de la nécessité de leur dépassement. Ainsi la théorie abstraite des ensembles est issue de difficultés très concrètement rencontrées par Cantor dans l'expression des fonctions en séries trigonométriques. Dans la dernière page de *LTS*, si condensée et sibylline qu'elle a parfois donné lieu à des interprétations mal accordées avec le fond de son projet, Cavaillès semble indiquer que le « dépassement » n'est pas exactement du type de l'*Aufhebung* de Hegel, par laquelle la conscience pose la négation et supprime l'antérieur en le conservant dans le nouveau, mais est plutôt l'effet de la nécessité inscrite en chaque idée d'engendrer une autre idée. Tout l'enjeu de cette indication est de substituer à la puissance de négativité de l'esprit la nécessité positive des idées, c'est-à-dire d'opposer Spinoza à Hegel.

En fin de compte, comment comprendre le concept au sens de Cavaillès ?

Pour Hegel, le concept est, comme pour Kant, l'activité du sujet, mais une activité dialectique, et non pas transcendantale. Le concept se réalise en objet et ressurgit à partir de l'objet pour se développer en Idée, identité du concept et de l'objet, de l'idéel et du réel, du sujet et de l'être. La « dialectique du concept » opère le passage de l'en-soi au pour-soi, passage de l'être et de l'essence au concept qui est leur unité et leur vérité : le concept est ce par quoi les choses sont ce qu'elles sont, il est la « *vérité de l'être et de l'essence* ». Dans la sphère de l'être le processus dialectique est passage en autre chose, dans la sphère de l'essence il est le paraître en autre chose, dans la sphère du concept c'est un automouvement libre et créateur qui n'a pas besoin d'une matière hors de lui pour se réaliser. L'activité conceptuelle est formelle et législatrice chez Kant, elle est *créatrice* chez Hegel. La dialectique du concept est le versant subjectif[22] de la connaissance du contenu comme nécessaire et de la nécessité du *passage*[23] d'un contenu à un autre ; le concept s'y développe selon des moments dont chacun est le tout qu'il est lui-même, et il s'achève en l'Idée, en laquelle il n'y a plus de passage. C'est le concept qui contient en lui-même la *puissance* de la nécessité, alliée à la liberté non seulement formelle, mais substantielle, la liberté effective. « La grande intuition de la substance spinoziste, écrit Hegel à diverses reprises, n'est qu'*en soi* la *libération* délivrant de l'être-pour-soi fini ; mais le concept est *pour soi* la puissance de la nécessité et la liberté *effective*[24] », qui diffère du libre arbitre. Autant dire que le concept est l'élément décisif dans le déploiement de l'esprit-sujet.

Chez Cavaillès, le concept conserve la caractéristique que lui a donnée Hegel de transformer un objet en objet pensé et de nous libérer des apories de la représentation, mais penser n'est plus autodifférenciation de la conscience. Le concept mathématique est un être objectif de part en part, de même que l'idée spinoziste, qui constitue l'être objectif d'une chose. L'idée est, selon Spinoza, « un mode de la pensée, l'acte même de comprendre[25] » ; c'est

22. *Encyclopédie*, § 243, p. 463.
23. *Ibid.*, p. 118. Rappelons que c'est précisément le passage d'un concept à un autre qui porte la marque du divin, comme y insiste Cavaillès dans la lettre à Étienne Borne que nous avons déjà citée.
24. *Encyclopédie*, § 159, p. 405.
25. *Éthique*, II, proposition 43, scholie. Cette signification se transfère au terme *Begriff*, substantif correspondant à *begreifen*, qui est « comprendre ».

pourquoi elle a comme synonyme la connaissance, *idea sive cognitio*[26]. Une idée s'explique par une autre idée, qui elle aussi s'explique par une autre idée, et ainsi de suite. Il y a un ordre autonome d'enchaînement des idées, un déploiement autonome qui ne traduit pas le pouvoir de représentation d'un sujet, mais le pouvoir d'expression de l'objet en tant qu'objet-de-pensée, en tant qu'idée. Comme l'intellect (*intellectus*) de Spinoza ne conditionne pas le réel qu'il comprend, le sujet selon Cavaillès ne conditionne pas l'ordre nécessaire des vérités mathématiques lors même qu'il les comprend ou les prolonge. Une activité s'exerce à l'initiative, pour ainsi dire, des contenus, et en réponse à la nécessité objective qui s'y exprime, constituant « un devenir conceptuel qui ne peut s'arrêter[27] ». Tandis que pour Hegel, le concept dialectise la substance qui est ainsi sujet, pour Cavaillès la philosophie du concept est une philosophie sans sujet, qui se détourne de la conscience, du jugement et de l'intentionnalité pour ne considérer dans l'activité pensante que sa matérialisation en concepts, formules symboliques et méthodes de preuves. L'esprit n'est pas maître de l'enchevêtrement croissant des procès d'idéalisation et de thématisation. Dans *PM*, Cavaillès avait écrit : « Le mathématicien historique, contingent, peut s'arrêter, être fatigué, mais l'exigence d'un problème impose le geste qui le résoudra[28]. » Le concept s'impose de lui-même, porte en lui-même la potentialité de sa transformation sans que le lien avec une conscience concevante soit essentiel. Dans un de ses derniers écrits, datant de la période où il était engagé

26. *Ibid.*, propositions 19-23.
27. *LTS*, p. 505.
28. *PM*, p. 627.

dans le combat militaire, Cavaillès avertit : « L'image du geste ne doit pas tromper, le développement de la mathématique entière se fait suivant un rythme nécessaire : il y a un conditionnement réciproque des notions et des élargissements que provoque leur application obligatoire dans les domaines voisins[29]. »

Ainsi, les concepts mathématiques résultent d'une pratique, mais celle-ci, dans ses démarches considérées selon leur contenu et abstraction faite des circonstances externes, est réglée selon la structure intrinsèque des concepts qu'elle produit. Une des difficultés principales de la position de Cavaillès est d'affirmer simultanément la priorité épistémologique de l'activité mathématique concrète, dans ses détails et dans son histoire, activité productrice donc, et la soumission de cette pratique à la nécessité interne de l'autoengendrement et de l'enchaînement des concepts. La solution est d'inspiration marxiste, consistant à considérer l'activité sous l'angle d'une pratique qui a ses propres lois objectives, car, ainsi, devient insignifiant (sans importance scientifique) le fait que cette activité soit exercée par tel sujet dans telle société à tel moment de l'histoire. Même si les concepts, plutôt que d'être découverts, sont produits et ont une histoire, leurs connexions objectives (selon la nécessité démonstrative) ne dépendent pas d'un sujet créateur et ont en eux la puissance de déclencher l'action : est objectif ce qui, produit par un sujet, exclut de sa facture tout élément de subjectivité. Dans le mouvement du concept ce n'est pas, comme le pensait Hegel[30], le sujet qui constitue la détermination du contenu, mais c'est la détermination du

29. *MF*, p. 664.
30. Voir, par exemple, *PE*, p. 102-104.

contenu qui, par la limite qu'elle porte en elle, engage sa propre négation et son propre dépassement.

La philosophie du concept est donc bien une philosophie sans *cogito*, totalement décentrée sur l'objet, car la pensée n'est pas une forme pour l'explication des réalités existantes, mais elle-même une réalité se manifestant par les modes d'engendrement de ses contenus.

Concept et intuition

Au XIXe siècle la promotion de la rigueur déductive, donc objective, par de grands mathématiciens tels Bolzano, Frege ou Dedekind, eut comme envers la critique de l'intuition, subjective et donc faillible. En particulier, l'intuition n'apparaît plus comme le privilège propre de la géométrie. En effet, après les géométries non euclidiennes, après la définition par Riemann du concept d'espace abstrait[31], après la classification par Felix Klein des géométries selon

31. Un espace est un ensemble d'éléments muni de structures permettant d'y définir des objets analogues à ceux de la géométrie usuelle. Les éléments peuvent être appelés points, vecteurs, fonctions, etc. La notion d'espace abstrait, c'est-à-dire dégagé des aspects intuitifs empruntés à la géométrie euclidienne, a d'abord été définie par Riemann dans son fameux travail *Über die Hypothesen welche der Geometrie zu Grunde liegen* (*Sur les hypothèses sous-jacentes à la géométrie*, trad. Laugel L., *Œuvres mathématiques de Bernhard Riemann*, Paris, Gauthier-Villars, p. 280-299, en ligne : openlibrary.org) : l'espace y est considéré comme une « multiplicité à n dimensions » susceptible de recevoir d'autres métriques que celle définie par la distance euclidienne. Ce texte a profondément changé la conception de la notion de géométrie, notamment en ouvrant la voie aux géométries non euclidiennes et à la théorie de la relativité générale.

les figures laissées invariantes par les transformations d'un groupe donné[32], après l'axiomatisation par Hilbert de la géométrie cartésienne, la géométrie n'est plus considérée comme la science de l'espace réel à trois dimensions, mais comme une théorie déductive dont les éléments appartiennent à une multiplicité à n dimensions et dont les principes sont constitués par une conjonction variable d'axiomes, avec ou sans axiome des parallèles par exemple, avec ou sans axiome d'Archimède*, etc.

Cependant, Spinoza, l'autre référence essentielle de Cavaillès, pourvoyait la connaissance par intuition ou connaissance du troisième genre d'une évidence globale et synthétique, absente de la connaissance discursive et déductive de l'entendement[33]. L'intuition spinoziste est l'aperception immédiate de la nécessité que l'entendement établit pas à pas. Brunschvicg disait d'elle qu'elle unit intimement la pensée et l'être, qu'en elle « l'âme n'est pas sujet, n'a pas d'objet, car sujet et objet ne font plus qu'un, elle est exactement ce qu'elle connaît[34] ». On comprend bien que Cavaillès ait pu penser l'identité de l'objet et du sujet dans l'intuition avant de la concevoir dialectiquement. Cela se voit nettement dans les lettres

32. Par exemple, les longueurs, les angles et les surfaces sont invariants par le groupe dit euclidien et qui comprend les translations, les réflexions, les rotations et les combinaisons de ces trois transformations, tandis que les transformations projectives ne conservent que les droites et les alignements de points.

33. « La connaissance des choses particulières que j'ai appelée intuitive ou du troisième genre est préférable et supérieure à la connaissance des choses universelles que j'ai appelée du deuxième genre », *Éthique*, V, proposition 36, scholie.

34. *Spinoza*, 1894, repris dans *Spinoza et ses contemporains*, Paris, Alcan, 1924.

à Étienne Borne, où la saisie de l'Intelligible ou de Dieu est une saisie intuitive.

Dans ses écrits théoriques, dans les premiers surtout[35], la prégnance de ce qu'il appelle l'« intuition centrale » est frappante, mais elle se présente chaque fois assez brièvement. Cavaillès nous dit que c'est elle qui constitue, ou par elle qu'est saisie, l'« unité interne » d'une théorie d'où procèdent les enchaînements et les applications, l'unité « en acte » qu'il illustre de quelques exemples, l'itération transfinie et la méthode diagonale[36] pour la théorie des ensembles de Cantor, le concept de chaîne[37] pour l'arithmétique de Dedekind. C'est dans ce contexte qu'apparaît la fameuse phrase : « Comprendre est en attraper le geste, et pouvoir continuer », ce qui indique bien que comprendre n'est pas déduire mais développer. Une fois, Cavaillès évoque le « saut intuitif de la pensée » comme un écart par rapport aux enchaînements symboliques[38]. D'une part, l'intuition marque le fait qu'il n'y a pas en

35. *MAF*, p. 186 ; *TAE*, p. 227.

36. La méthode diagonale s'applique à une fonction qui à chaque élément d'un ensemble E associe une fonction définie sur E. Elle utilise de façon essentielle la *diagonale* du produit cartésien $E \times E$: l'ensemble des couples (x, x) pour x dans E. Des paradoxes qui ont joué un rôle dans la fondation de la théorie des ensembles s'appuient sur cette méthode, qui est aussi utilisée par Gödel dans la démonstration de son premier théorème d'incomplétude. Comme l'avait pressenti Cavaillès, la méthode diagonale est devenue un classique de la démonstration en mathématiques.

37. Soit une application f d'un ensemble E dans lui-même ; une partie A de E est une chaîne si $f(A)$ est contenue dans A ; ainsi l'ensemble des entiers naturels est la chaîne de $\{1\}$ (pour plus de détails cf. Dedekind Richard, « Que sont et à quoi servent les nombres ? », § 4, in *La Création des nombres, op. cit.*).

38. *MF*, p. 659.

mathématiques de formalisme universel, fermé sur lui-même, mais des systèmes formels partiels, de l'arithmétique des nombres entiers, ou des nombres réels, de la géométrie euclidienne, ou cartésienne, de la topologie, etc., qui laissent ouverts des chemins de traverse et de réflexion de l'un en l'autre à l'instar de la géométrie cartésienne reflétée dans l'arithmétique des nombres réels. D'autre part, du fait de l'inachèvement essentiel des mathématiques, source de leur progrès indéfini, l'intuition est évolutive[39], acquise plutôt que vraiment immédiate, même si elle est soudaine, active plutôt que contemplative, et surtout impossible à exprimer de manière isolée par rapport aux enchaînements théoriques qui l'expriment et dont elle constitue une sorte d'intériorité ou de sens.

Cavaillès juge un temps que Kant est allé aussi loin que possible dans l'analyse en faisant de l'intuition pure non pas une contemplation d'un donné mais « l'appréhension dans l'épreuve de l'acte des conditions mêmes qui le rendent possible[40] ». Simplement ces conditions ne sont pas, pour Cavaillès, l'espace et le temps, formes *a priori* de la sensibilité, ni les catégories ou concepts purs de l'entendement, ni l'appréhension du sujet transcendantal, mais l'enchaînement dialectique des concepts. Kant, dit-il, a confondu le moment dialectique de la position du concept avec le moment transcendantal de sa schématisation. Et une « intuition irréductible n'est qu'un arrêt sans pensée ». Réputés intuitifs, les nombres entiers ou les points géométriques ne sont en fait que les corrélats des concepts qui en explicitent le sens et des

39. *PM*, p. 595 : « L'intuition centrale d'une méthode, pour être exprimée, exigerait les mathématiques achevées. »
40. *MAF*, p. 35.

règles (axiomes) qui en gouvernent l'usage. Je l'ai déjà fait remarquer, le nombre entier de Dedekind n'est pas celui d'Euclide, mais encore le point de l'axiomatique de Hilbert n'est pas celui du plan ou de l'espace géométrique euclidien, la notion même de géométrie a changé depuis sa définition par Felix Klein comme ensemble de figures invariantes par un groupe de transformations donné, et comme le souligne son auteur le continu numérique de Dedekind est un continu *conçu, pensé*, et non un continu intuitivement appréhendé.

Il s'ensuit qu'il faut dissocier l'intuition de la représentation et tenir compte de sa mobilité étagée, qui est parallèle à la mobilité étagée du concept[41]. De manière surprenante et absolument originale, Cavaillès détermine l'intuition comme la manifestation, non pas de l'activité du sujet, mais de « l'indépendance relative des méthodes et des théories qui permet des élaborations autonomes provoquant par leurs résultats rencontres et renversements ». Dire, par exemple, que la suite des entiers naturels* est intuitive c'est simplement marquer l'*autonomie* de ladite suite au regard de la conscience qui la considère comme donnée en dehors d'elle. Autrement dit recourir à l'intuition c'est recourir à du déjà-là, ou transcendant ou empirique ; et nous avons vu que Cavaillès rejette cette façon de voir, donc rejette l'intuition catégoriale autant que l'intuition sensible. C'est pourquoi l'idée de constitution au sens de Husserl ne peut être retenue, puisque selon son auteur elle se confond avec la possibilité pour le sujet « d'embrasser par l'intuition et de saisir théoriquement les séries réglées d'apparence qui convergent nécessairement dans l'unité d'une chose qui

41. *TC*, p. 272-274.

apparaît[42] ». Du point de vue *pratique*, « intuition », selon Cavaillès, est un vocable pour rendre compte de l'autonomie des objets que sont concepts, méthodes et théories. Il ne signifie pas que ces objets sont *extérieurs* à la pensée et révélés à elle. Les objets mathématiques sont des objets pensés autonomes.

Au fond, le lecteur de Cavaillès ne sera pas vraiment étonné par la caractérisation paradoxale de l'intuition, car la même tournure paradoxale a servi à déconstruire la subjectivité de l'expérience, la subjectivité de l'effectif et la subjectivité du concept.

La zone supposée intuitive du raisonnement mathématique a varié au cours de l'histoire ; y sont entrés les nombres négatifs, les imaginaires, les infinis, etc. En fait, elle ne cesse d'évoluer en fonction de l'introduction de nouveaux concepts ; la pratique axiomatique a montré comment s'acquièrent de nouvelles intuitions, les intuitions symboliques et structurelles, qui sont tout aussi concrètes que celles anciennement reconnues comme telles. L'intuitif est relatif à un système de concepts donné ; il se forme et se forge parallèlement au système de concepts associé. Préciser le lien entre la superposition intuitive et la dialectique du concept est, selon *TC*, le problème fondamental de la philosophie mathématique. En même temps est amorcée la solution du problème, puisque Cavaillès affirme dans ce même texte qu'aucune analyse de la conscience des actes ne débouchera sur la rigidité et la fixité du carcan transcendantal. Cavaillès est alors sur la voie de la philosophie du concept à travers les notations suivantes : 1) le multiple n'est pas hors du concept, il est multiple pour un concept donné ; 2) l'intuitif est le procès effectif du

---

42. *Idées directrices pour une phénoménologie, op. cit.*, p. 507.

concept[43] ; 3) l'unité formelle est la continuité des enchaînements, la fameuse continuité historique de Dedekind et
de Klein, et aussi le mouvement dialectique mis en avant
par Hegel. Répétons-le : l'important dans l'histoire c'est
qu'elle marque la soumission du transcendantal à ses
étapes, la soumission du formel à l'effectif.

Intuition, concept, effectivité, expérience, autant de
témoins, dans la tradition philosophique, de l'activité
du sujet, qui deviennent chez Cavaillès la marque du
dynamisme autonome de l'objet. Le bouleversement est
considérable. Et il a été reconnu comme tel, qualifié de
« révolution ptolémaïque » par Jules Vuillemin, suivi de
Gilles-Gaston Granger.

Avant d'examiner les conséquences de ce bouleversement
pour la philosophie, faisons un dernier point. La question
fondamentale de Cavaillès est, non pas comment la
connaissance est possible, mais plutôt comment elle procède
et comment elle progresse. Elle concerne, non pas les
conditions *a priori* de toute connaissance possible, mais
les conditions effectives de pratique et de croissance d'une
science particulière, les mathématiques.

LTS y répond en essentiellement six étapes :

1. Examen de la *Critique de la raison pure* en tant que
théorie de la connaissance objective ;

2. La prétention de la logique, formelle ou transcendantale : théorie de l'objet en général et théorie générale
de toutes les sciences (Frege, Husserl, Carnap, Russell) ;

43. Caractérisation qui peut être considérée comme conséquence
de l'analyse hégélienne selon laquelle il n'y a pas de « vrai » immédiat,
le vrai étant toujours second, médiatisé par la négativité du concept.
L'aporie du « ceci » de la « certitude sensible » dans la *Phénoménologie
de l'esprit* désigne comme illusoire la saisie immédiate de l'immédiat.

3. Théorie des objets scientifiques : l'ontologie effective du devenir (Brouwer, Hegel) contre l'ontologie abstraite de l'en-soi (Bolzano, Frege) ;

4. Le devenir objectif du concept (objet/sens mathématique) est antérieur au devenir de la conscience : primat de l'ontologie par rapport à la logique, formelle ou transcendantale, et par rapport à la conscience. Une ontologie sans métaphysique ;

5. La légitimation du concept (objet/sens) est donc dans son devenir propre, non dans la conscience ou dans une logique *a priori* ;

6. L'épistémologie appropriée à cette ontologie est la philosophie historique et critique du concept.

IX

Rayonnement et postérité :
l'histoire et la structure plutôt que le sujet

Cavaillès est une icône de la philosophie ; son texte testament a retenti comme un oracle sur la scène philosophique, française d'abord, puis européenne et anglosaxonne, asiatique enfin, japonaise notamment. « L'énigme valait pour annonciation », écrit solennellement Georges Canguilhem.

Cavaillès a marqué la philosophie française par sa réflexion sur le double rapport de la science à son histoire et à la philosophie. La diffusion de son œuvre, technique et condensée, fut certes moins large que celle de Gaston Bachelard ou celle de Georges Canguilhem, ses contemporains, avec qui ses liens intellectuels et personnels étaient étroits. Bachelard, qui a rencontré Cavaillès en 1934, au Congrès de philosophie de Prague, eut avec lui le projet

de défendre la pensée rationnelle et de « rappeler la philosophie aux exigences de la preuve ». Dans la postface qu'il
écrivit au livre de Gabrielle Ferrières en 1951, il estime que
les travaux de Cavaillès sont le préalable de toute culture
philosophique mathématique. Dans la préface qu'il écrivit
pour la deuxième édition de *LTS* en 1960, il relève que
le livre n'est ni une « histoire de faits nus » de la logique
et des mathématiques ni une « interprétation bavarde ».
Deux caractères qui forment le sceau de l'épistémologie
historique : ni faits bruts ni interprétation. Mais Bachelard
ne manque pas de noter, lui qui avait la plume si fluide, le
caractère souvent énigmatique des formules de Cavaillès.

Il appartint à Georges Canguilhem, qui a rendu de
nombreux hommages à son ami dans la Résistance, de
donner d'importantes clés pour les énigmes de Cavaillès.
En 1967, dans son « In Memoriam[1] », il écrit à propos
de la dernière page de *LTS* : « C'est bien finalement une
philosophie des mathématiques sans *Cogito* mathématifiant
que [Cavaillès] cherchait à construire, [...] il a assigné,
vingt ans à l'avance, la tâche que la philosophie est en train
de se reconnaître aujourd'hui : substituer au primat de la
conscience vécue ou réfléchie le primat du concept, du
système ou de la structure. » L'appréciation vaut pour lui-
même, qui conçoit l'histoire des sciences comme histoire
de concepts, le concept de réflexe, le concept de normal,
le concept de vie, etc. Elle vaut aussi bien pour Michel
Foucault, ainsi que le suggère l'article « Mort de l'homme
ou épuisement du cogito ? » que Canguilhem a publié
également en 1967 dans la revue *Critique* pour saluer la
parution du livre *Les Mots et les Choses*.

1. *OC*, p. 667-675.

De son côté, Michel Foucault, dans l'article écrit en hommage à Canguilhem[2], reprend à son compte la ligne de partage tracée par Canguilhem entre Sartre, avec la publication de son emblématique *La Transcendance de l'ego*, et Cavaillès, avec la publication de ses thèses sur la théorie des ensembles, l'axiomatique et la formalisation. Et il précise ceci : « Depuis un siècle et demi, l'histoire des sciences porte en soi des enjeux philosophiques qui sont facilement reconnus. Des œuvres comme celles de Koyré, Bachelard, Cavaillès ou Canguilhem peuvent bien avoir pour centres de référence des domaines précis, "régionaux", chronologiquement bien déterminés de l'histoire des sciences, elles ont fonctionné comme des foyers d'élaboration philosophique importants, dans la mesure où elles faisaient jouer sous différentes facettes cette question de l'*Aufklärung*[3] essentielle à la philosophie contemporaine. » Le dernier membre de phrase désigne une question propre à Foucault, qui y est revenu plusieurs fois, examinant « l'événement qui a déterminé, pour une part au moins, ce que nous sommes, ce que nous pensons et ce que nous faisons aujourd'hui ». Quant à l'histoire des sciences, telle qu'elle est pratiquée par Bachelard, Cavaillès et Canguilhem, Foucault y revient souvent au début de sa carrière, en arguant qu'elle constitue une réponse spécifique au problème husserlien de la constitution

2. « La vie : l'expérience et la science », *Revue de métaphysique et de morale*, janvier-mars 1985, p. 3-14.
3. « *Was ist Aufklärung ?* » [Qu'est-ce que les Lumières ?] est la question à laquelle Kant donna une réponse publiée en 1784 dans la *Berlinische Monatsschrift* et retraduite en français par Jean-Michel Muglioni en 2007 (Paris, Hatier, coll. Poche). Ce que Foucault en pense se trouve dans une conférence, reproduite dans le tome IV des *Dits et Écrits*, Paris, Gallimard, 1984, p. 562-578.

du sens, une réponse différente de celle de Husserl bien entendu[4]. Lui-même élabore une *Archéologie du savoir*, qui peut être considérée comme une « subversion de Husserl à la lumière de la critique de Husserl par Cavaillès[5] ». La conclusion du livre évoque continûment Cavaillès sans le nommer et précise que par « archéologie » est entendue non pas une recherche phénoménologique de l'origine ou du fondement, mais une libération de l'histoire de l'emprise phénoménologique. Dans un bel essai, *La Pensée du dehors*[6], Foucault indique les voies d'une « percée vers un langage d'où le sujet est exclu », d'une « expérience qui s'annonce […] dans le seul geste d'écrire comme dans les tentatives pour formaliser le langage, dans l'étude des mythes et dans la psychanalyse, dans la recherche aussi de ce Logos qui forme comme le lieu de toute la raison occidentale ».

Canguilhem a ainsi désigné l'origine du structuralisme français en philosophie et en sciences humaines, notamment représenté selon lui par Georges Dumézil, Claude Lévi-Strauss ou Michel Foucault, auxquels on peut ajouter Jean-Toussaint Desanti, Jacques Lacan, Louis Althusser, Michel Serres, Pierre Bourdieu, Gilles-Gaston Granger, et quelques autres. Il a aussi désigné les philosophies auxquelles ce structuralisme s'oppose : l'historicisme relativiste, l'historicisme absolutiste de type hégélien ou idéalisme historique, la phénoménologie, l'humanisme et l'existentialisme. L'axiome commun de ces philosophies

4. Notamment dans sa conférence à la Société française de philosophie du 23 mai 1978, intitulée « Qu'est-ce que la critique ? », publiée dans le *Bulletin* de la société en 1990.

5. Cf. Hyder David J., « Foucault, Cavaillès, and Husserl on the Historical Epistemology of the Sciences », *Perspectives on Science*, vol. XI, n° 1, MIT Press, 2003.

6. Paris, Fata Morgana, 1986.

est le primat de la conscience, associé à une perspective fondationnelle. Comme l'écrit Desanti dans la préface aux *Idéalités mathématiques*, il faut « tuer le phénix : la forme traditionnelle de la "conscience philosophante" ».

Évitons de céder à la facilité qui consiste à opposer structure et histoire. D'abord parce que, d'une manière générale, c'est contraire à l'esprit de Cavaillès, qui a toujours vu les oppositions comme des corrélations. Ensuite, et plus précisément, parce que l'historicité des contenus invite non pas à éliminer l'histoire, mais à la comprendre, c'est-à-dire à en restituer la dimension rationnelle. Au début de *LTS*, Cavaillès reproche au rationalisme classique de négliger complètement « l'apport de l'objet pour la structure de la théorie ». Or l'objet est une unité mobile, historique. On pourrait observer que le structuralisme n'aurait même pas de raison d'être si l'histoire n'en était pas un ingrédient inéliminable : en méconnaissant l'histoire, le rationalisme classique a promu le formalisme auquel Cavaillès oppose justement son structuralisme. Celui-ci est bien allié à l'histoire, qui est mouvement, mais opposé à la philosophie de l'histoire, qui résorbe ou abolit le mouvement en lui assignant une finalité ou un sens unifié, deux hypothèses purement abstraites, purement formelles en somme et qui ramènent toutes deux au sujet pour qui il y a but ou sens. *Concrètement*, le recours aux contenus historiques permet de désubjectiver la pensée, qui se trouve dès lors « perdue » dans les contenus au lieu d'en assurer la maîtrise comme c'était le cas dans le point de vue cartésien, repris par Kant et tout l'idéalisme du XIXe siècle. C'est un renversement complet, en particulier par rapport tant à la phénoménologie de l'esprit de Hegel qu'à la phénoménologie de Husserl : ce n'est pas la conscience qui constitue les contenus de pensée mais les contenus qui, pour ainsi dire, constituent les moments de conscience, et, de même que les contenus ne sont pas totalisés en une unité substantielle, ces moments ne sont pas uniformément totalisés en une seule et toujours identique conscience. Hegel a conscientisé la substance dans l'absolu de l'Idée. Pour Cavaillès il n'y a ni substance absolue et fermée sur elle-même ni conscience univoque. La conscience est multiple et intermittente, la littérature et la psychologie l'avaient sans doute perçu mais, loin d'en faire la théorie, la philosophie avait abandonné cette multiplicité à l'indigne règne de l'éphémère, le changement étant compté comme contingence. Dans le combat séculaire entre nécessité et contingence, Cavaillès dénoue le lien entre changement et contingence pour nouer ensemble nécessité et changement. Comme Hegel avant lui. Différemment de Hegel de manière fondamentale. Notions et rapports traditionnels sont totalement bouleversés. Les renversements sont si audacieux qu'ils instituèrent en France une manière de philosopher originale, indépendante à la fois de l'hégélianisme, de la phénoménologie et du mouvement de philosophie analytique, ce qui l'a exposée à l'hostilité, provisoire ou partielle, de ces courants.

Cependant, plus d'un parmi ceux qui ont connu l'enseignement de Cavaillès ont maintenu des ponts avec Hegel, Husserl ou la philosophie analytique. Ainsi Suzanne Bachelard (1919-2007), spécialiste de Husserl et traductrice de *Formale und transzendentale Logik*, Jean-Toussaint Desanti (1914-2002), qui a lié dans ses travaux la perspective de l'épistémologie historique avec une réflexion sur la phénoménologie hégélienne et husserlienne, et Gilles-Gaston Granger (1920-), qui a jeté des ponts entre Husserl, Cavaillès, Wittgenstein, Russell et la philosophie analytique. Auparavant un des élèves que Cavaillès initia à la lecture de Husserl, Tran Duc Thao (1917-1993) entreprit une interprétation hégéliano-marxiste de la phénoménologie : une première version de son travail constitua le contenu d'un remarquable diplôme d'études supérieures que Cavaillès évoque en termes très élogieux dans une lettre à Léon Brunschvicg[7]. Ce mémoire a impressionné Jean-Toussaint Desanti et Louis Althusser. La version remaniée, publiée en 1951 sous le titre *Phénoménologie et matérialisme dialectique*[8], a marqué Jacques Derrida, Pierre Bourdieu, Jean-François Lyotard ou Paul Ricœur.

C'est donc tout un terreau de réflexions autour de l'œuvre de Kant, de Hegel, de Husserl et de Spinoza où puisèrent, par la médiation de Cavaillès, qui n'était absolument pas sectaire comme je l'ai fait ressortir dans les deux premiers chapitres de ce livre, un nombre important de philosophes de la seconde moitié du XXe siècle. Bien sûr, ils n'ont pas répété Cavaillès, ils sont partis de lui, chacun vers un nouveau rivage.

L'objectivisme a été le premier étendard de Canguilhem, de Foucault ou de Lacan, mais, s'occupant de formations ou de fonctions du concept dans des sciences autres que les mathématiques, sciences de la vie, de l'esprit et du discours, ces philosophes n'ont pas mis entre parenthèses le lien de leurs objets au sujet, ils ont destitué le sujet de son pouvoir impérial en le confrontant au besoin (Canguilhem) ou à l'impensé (Lacan et Foucault).

Élève de Canguilhem, médecin comme lui, François Dagognet a développé une philosophie moniste du vivant à l'entrecroisement du dedans (le viscéral) et du dehors (les comportements symboliques). « La philosophie, écrit-il, s'est vouée à une conception du sujet séparé et seul souverain,

7. G.F., p. 158.
8. Paris, éditions Minh-Tan, Paris, 1951.

[...] mais cette thèse idéaliste abaisse le réel et le prive des forces qu'il contient. » Il faut donc changer de perspective[9].

J.-T. Desanti et G.-G. Granger ont consacré une partie de leur œuvre au champ privilégié par Cavaillès, celui des mathématiques. Ils ont développé les principales lignes tracées par la réflexion sur le concept, « trame offerte de la science », écrit Desanti, les structures, la dialectique, le travail. Ils ont, surtout à leurs débuts, accentué ou introduit une composante marxienne explicitée par l'usage fréquent des termes de « production » et de « praxis ». Pourtant Granger tient à conserver une perspective transcendantale, et Desanti, qui a conduit une critique serrée du cadre conceptuel de Hegel et de celui de Husserl dans *La Philosophie silencieuse*[10], parle de « champ réflexif immanent » comme du « lieu d'expérience, d'épreuve, d'expression et de réflexion » du mathématicien[11]. Autrement dit les hante encore la question du sujet, à laquelle renvoie la question de la constitution de l'objet. La substance ayant été congédiée du côté de l'objet comme du côté du sujet, demeure la *fonction* de sujet. Fonction occupée selon Granger par la catégorie fondamentale de pensée, présente dans tout découpage du réel en formes et dans toute constitution d'objets, celle de la corrélation opération/objet ou forme/contenu. De son côté, Desanti, tout en mettant en garde contre l'importation de schèmes étrangers au statut de l'objet, pense qu'explorer le champ

9. Voir, parmi de très nombreux écrits, *Changement de perspective : le dedans et le dehors*, Paris, Gallimard, coll. La Table ronde, 2002.

10. Paris, Seuil, coll. L'Ordre philosophique, 1975, chapitre I.

11. *Les Idéalités mathématiques, op. cit.*, p. 88, et plus loin les développements sur « le moment synthétique où l'objet manifeste la relation circulaire de son idéalité et de son devenir, et où la conscience se laisse installer dans la vie de cette relation » (p. 93).

des objets mathématiques implique la présupposition d'une « activité mathématicienne universellement normée et anonyme » pour laquelle prennent sens les objets, leurs propriétés, leurs structures, leurs théories. Que l'objet mathématique soit compris comme sens et que l'expérience et l'activité soient une dimension mathématique essentielle n'implique pas, selon Desanti, de concevoir de manière transcendantale les règles de détermination du champ réflexif où se produit l'expérience du sens mathématique. L'hypothèse d'une activité anonyme n'a, selon lui, qu'un statut « heuristique ».

Conclusion

L'œuvre de Cavaillès tisse ensemble, selon une tradition classique, des éléments de mathématique et des principes de philosophie. D'un côté comme de l'autre les doctrines et orientations analysées sont nombreuses et diverses, ce qui fait le tissage si serré de cette œuvre. Cependant, à son fondement il y a la conjonction principale entre l'idée de démonstration et celle d'autonomie ou « cause de soi ». C'est-à-dire la conjonction d'une norme mathématique du nécessaire et d'une norme spinoziste selon laquelle l'autonomie et la liberté intègrent la nécessité : est libre ce qui existe par la seule nécessité de sa nature et est déterminé par soi seul à agir. La conjonction est d'ailleurs faite par Spinoza lui-même, pour qui la rigueur et l'objectivité démonstrative des mathématiques sont un indépassable modèle.

Le concept d'autonomie est le pivot central de la pensée de Cavaillès, celui par lequel il embrasse du même regard les mathématiques, l'art, la morale et l'action. Il est remarquable que Cavaillès évoque Spinoza toujours brièvement, sans citer de passages et sans commentaire circonstancié, mais toujours pour affirmer son plein accord avec lui, se reconnaître en lui, négligeant les rares points de dissentiment que pouvaient être la considération par Spinoza de l'idée comme action de l'esprit, son opposition des essences ou « choses fixes et éternelles » aux « choses singulières changeantes », son déterminisme intégral qui résorbe sans reste l'imprévisible dans le nécessaire.

Les philosophes que Cavaillès a le plus minutieusement commentés et critiqués sont Kant et Husserl, champions de la machinerie transcendantale, contre laquelle il s'est battu d'autant plus opiniâtrement qu'il n'était manifestement pas aisé de s'en défaire radicalement.

Dans cette neutralisation du transcendantal, la dialectique hégélienne et le caractère processuel de la raison qu'elle exprime furent d'un précieux secours. Si Cavaillès ne reconnaît pourtant pas un maître en Hegel, c'est que celui-ci lui est à la fois absolument proche par la tournure de pensée et totalement étranger par les présupposés fondamentaux : subjectivité, négativité, finalité, vérité spéculative, identité du logique et de l'historique, auxquels Cavaillès oppose l'objectivité, l'imprévisibilité, la vérité démonstrative, et la spécificité positive du mathématique au regard à la fois de la logique et de l'histoire du monde. Cavaillès s'est approprié les subtilités du processus de dialectisation, mais il n'admet pas que ce soit le mouvement propre de la conscience – celle par laquelle surgit la différenciation et celle par laquelle s'opère la synthèse. Il va non plus « pénétrer d'esprit la substance » dans la ligne de l'entreprise hégélienne, mais au contraire purifier la pensée de son origine conscientielle et opérer un retour à l'anti-subjectivisme radical de Spinoza. En fin de compte, grâce à son abandon des aspects qu'il récuse chez Brunschvicg : philosophie du jugement, conscience génératrice, progrès de la conscience, etc., Cavaillès *réalise* philosophiquement plus complètement que Brunschvicg lui-même la formule par laquelle ce dernier recommandait la « dialectique spinoziste » contre la dialectique hégélienne pour ce qu'elle coïncide bien mieux avec le mouvement de pensée propre à la démonstration mathématique. Il reporte ainsi sur l'objet mathématique, qui n'est plus une « chose fixe et éternelle » au sens de Spinoza, mais une « essence singulière » en perpétuel devenir, bien des caractères dégagés par la *Phénoménologie de l'esprit*, par *La Science de la logique* ou par la première partie de l'*Encyclopédie des sciences philosophiques*. Par exemple, le mouvement d'objectivation est saisi à partir de son avenir[1] plutôt qu'à partir de son origine comme c'était le cas de l'approfondissement au sens de Klein et de la généralisation (abstraction) au sens de Dedekind[2], comme c'était aussi le cas dans l'archéologie husserlienne du sens. En conséquence bien sûr, ce mouvement est toujours d'abord surpris par son côté négateur, par ce qui le motive en tant que mouvement qu'aucune étape ne fixe. Peut-être même que Cavaillès a retenu quelque chose du fait que Hegel pousse le parcours des figures de la conscience, appropriées, assimilées et dissoutes par l'assomption du négatif, jusqu'à l'abolition de la forme même de la conscience, c'est-à-dire jusqu'à l'annulation

1. Cf. le commentaire de B. Bourgeois, *PE*, p. 14 : « La conscience décrite en son mouvement est décrite à partir de l'avenir de ce mouvement. »
2. Cf. le commentaire que Dedekind fait sur la genèse de son ouvrage *Que sont et à quoi servent les nombres ?* dans sa célèbre lettre à Keferstein du 27 février 1890, *La Création des nombres*, *op. cit.*, p. 304 *sqq.*

de la différence du sujet et de l'objet du savoir. Cependant, comme le relève B. Bourgeois, dans l'identité hégélienne du sujet et de l'objet, c'est le sujet qui opère son identification à l'objet. Tandis que pour Cavaillès c'est par et dans l'objet qu'a lieu le dépassement de l'opposition entre sujet et objet ; l'objet, le contenu, le concept mathématique est le véritable acteur de son histoire à laquelle la conscience a une part scientifiquement (objectivement) insignifiante. Le concept est mouvant, ce qui veut dire que le devenir, non l'être, est sa loi, qui donne ainsi la réponse à la question de la nature des objets mathématiques. Mais que dire de la loi elle-même ? Quelle impulsion la rend effective ? Qu'est-ce qui explique le progrès mathématique ? À la page 498 de *LTS*, Cavaillès pose la question : « Il s'agit de savoir s'il y a référence à une conscience absolue caractérisable par ailleurs, au contenu des concepts soumis à une dialectique elle aussi appréhendable, ou enfin à l'irréductible spécificité du mouvement mathématique. » La réponse est claire et duelle : le mouvement est irréductible, c'est-à-dire qu'il n'est pas finalisé ni ne peut être résorbé dans une totalité qui le comprendrait, le ramasserait en une vérité ultime, une Idée absolue, et le moteur du mouvement est l'exigence de dépassement à laquelle absolument aucune idée n'est soustraite. Exigence ou puissance *positive* et non manifestation du négatif de la conscience. C'est l'exigence, dont le terme ne fait pas partie du vocabulaire de Hegel mais de celui de Dedekind[3], non la négation, qui est pour

3. Le terme allemand est *die Forderung* et revient sans cesse sous la plume de Dedekind, qui écrit par exemple dans sa *Leçon* de 1854 : « L'exigence de l'Arithmétique de produire par chacune de ces opérations, chaque fois à nouveaux frais, la totalité du domaine existant de nombres, ou, en d'autres termes : l'exigence d'exécuter inconditionnellement les opérations indirectes, inverses, de

Cavaillès le moteur du changement. L'exigence en tant que puissance d'affirmation de l'objet, du concept comme objet. En refusant l'orientation du mouvement par une fin, Cavaillès se devait, en toute logique, de préserver, dans son actualité, l'exigence du dépassement, l'exigence du passage, qui se trouvait « réalisé », donc dépassé dans l'Idée absolue de Hegel. Cela signifie qu'il préserve, dans son actualité, le concept, qui est bien, selon Hegel, le moment proprement moteur du mouvement dialectique, le moment du passage du même à l'autre. Mais le concept n'est pas l'esprit, « le sujet comme tel » ; il est, au contraire, l'objet comme tel, ce pourquoi la dialectique de Cavaillès n'est pas subjective, idéaliste, mais objective, matérielle.

Différenciation d'avec soi et mouvement dialectique sont le propre du dynamisme des concepts ou idées en tant que contenus. On a là non pas un strict réalisme des idées, qui suppose une réalité immuable d'idées en soi indépendantes du mouvement de connaissance, mais un objectivisme, dans lequel l'identité des contenus, quoique différenciée et mobile du même mouvement que celui de la connaissance, est objective. Objective mais temporelle, d'une temporalité qui n'a rien à voir ni avec la temporalité événementielle ni avec la temporalité conscientielle. Peut-être le point de divergence avec Spinoza qui porte le plus fortement la marque de la modernité philosophique est-il ici : l'idée n'est pas la saisie, sous l'aspect de l'éternité (*sub specie aeternitatis*), de l'*essence* intemporelle d'une chose,

soustraction, division, etc., conduit à la nécessité de créer [*schaffen*] de nouvelles classes de nombres, puisque la suite originaire des nombres entiers absolus ne peut pas satisfaire cette exigence. Ainsi, on obtient les nombres négatifs, fractionnaires, irrationnels et, finalement, aussi ceux qu'on appelle imaginaires » (*La Création des nombres, op. cit.*, p. 225-226).

mais la poursuite du *sens* en devenir des contenus. Le
concept indique un sens, non une essence. La dissociation
de l'être et du sens, opérée ou retrouvée au XIXᵉ siècle par
le point de vue sémantique, tant en philosophie (Bolzano,
Frege, Husserl) qu'en mathématique (Dedekind, Hilbert,
Tarski), permet sans doute de soutenir un réalisme du
concept également éloigné du réalisme que de l'idéalisme
traditionnels et de la chose en soi que du sujet pensant.
Cavaillès ne le dit pas expressément, mais un réalisme
sémantique pourrait constituer cette « voie moyenne »
qu'il a cherchée dès ses premiers travaux. Perspective en
accord avec son interprétation objectiviste du sens, ou de la
signification, et qui implique en particulier la rupture avec
d'une part l'intentionnalité husserlienne en tant que relation
apriorique qui détermine les conditions d'apparition de
l'objet, avec d'autre part la téléologie qui gouverne aussi
bien l'explicitation du sens-d'être des objets et des choses
chez Husserl que le sens de l'histoire et l'effectivité de la
raison chez Hegel. La production mathématique du sens
n'est pas une production finalisée, elle a sa raison en elle-
même : « Le sens d'une théorie est non pas dans un aspect
compris par le savant lui-même comme essentiellement
provisoire, mais dans un devenir conceptuel qui ne peut
s'arrêter[4]. » Le sens n'est pas réflexif, mais objectif et
dynamique. L'ontologie cherchée, une fois la rupture
consommée avec la philosophie de la conscience, est dans
le devenir du sens objectif.

Ce dont la philosophie de Cavaillès a porté témoignage
pour la modernité, c'est, vérifiée sur le cas de la plus
rigoureuse des sciences, l'impossibilité du projet de *science*

4. *LTS*, p. 505.

philosophique : le chemin de la philosophie effective des sciences effectives s'est écarté autant de la théorie fondatrice de la science dans son expression logiciste ou husserlienne que de la philosophie spéculative hégélienne.

La philosophie du concept de Cavaillès n'est pas un système ; elle est une *perspective philosophique*. C'est par cette disposition qu'elle a orienté de manière décisive, en France d'abord, ailleurs aussi, des champs de recherche non bornés à la pratique mathématique, centrés sur des objets de types divers et relevant en particulier des sciences biologiques ou des sciences humaines. En somme le philosophe mathématicien a dégagé une structure de pensée dont la capacité de transfert de son lieu d'origine à d'autres territoires n'est pas le moindre mérite. Mais oui, il s'agit bien, comme l'a vu Armand Gatti, d'une paradigmatique traversée des langages.

Bibliographie

Bibliographie primaire

Les *Œuvres complètes de philosophie des sciences*, Paris, Hermann, 1994, incluent, outre les écrits philosophiques de Cavaillès, les principaux articles de Georges Canguilhem sur la vie et l'œuvre de son ami.

« Lettres inédites de Jean Cavaillès à Albert Lautman », *Revue d'histoire des sciences*, vol. XL, n° 1, janvier-mars 1987, p. 117-128.

« Lettres à Étienne Borne », *Philosophie*, n° 107, automne 2010, p. 3-45.

Les Deuxièmes Cours universitaires de Davos, du 17 mars au 6 avril 1929, Davos, Kommissionsverlag, Heintz, Neu & Zahn, 1929.

Quelques articles de Cavaillès sur l'Allemagne sont réunis dans la revue *Philosophia scientiæ*, vol. III, n° 1, 1998, Presses universitaires de Nancy, p. 1-62.

Une bibliographie détaillée de Jean Cavaillès a été établie par Paul Cortois et publiée dans *Philosophia scientiæ*, vol. III, n° 1, 1998, Presses universitaires de Nancy, p. 157-174.

Bibliographie secondaire, une sélection

Jean Cavaillès. Philosophe, résistant, actes du colloque d'Amiens, septembre 1984, centre régional de documentation pédagogique, 1985 ; en ligne : http://philosophie.ac-amiens.fr/archives_philosophie/picardie/CAVAILLES.pdf.

BACHELARD Gaston, « L'œuvre de Jean Cavaillès », in FERRIÈRES Gabrielle 1950, p. 221-234. Repris in FERRIÈRES Gabrielle 1982.

BACHELARD Suzanne, *La Logique de Husserl, étude sur « Logique formelle et Logique transcendantale »*, Paris, Presses universitaires de France, coll. Épiméthée, 1957.

BECKER Oskar, « Mathematische Existenz, Untersuchungen zur Logik und Ontologie mathematischer Phänomene », *Jahrbuch für Philosophie und phänomenologische Forschung*, vol. VIII, 1927, p. 439-809.

BENIS SINACEUR Hourya, « L'épistémologie de Jean Cavaillès », *Critique*, n° 461, 1985, p. 974-988.

—, « Structure et concept dans l'épistémologie de Jean Cavaillès », *Revue d'histoire des sciences*, vol. XL, n° 1, janvier-mars 1987, p. 5-30.

—, Article « Thématisation », *Encyclopédie philosophique universelle*, t. II, vol. II, Paris, Presses universitaires de France, 1990, p. 2581-2582.

—, Articles « Complétude », « Consistance », « Constructibilité », « Constructivité » (programme de Hilbert),

« Décidabilité », « Définissabilité », « Diagonalisation », « Récursivité », *Encyclopédie philosophique universelle*, t. II, vol. II, Paris, Presses universitaires de France, 1990.

—, *Corps et modèles. Essai sur l'histoire de l'algèbre réelle*, Paris, Vrin, coll. Mathesis, 1991, 2ᵉ éd., 1999.

—, « Du formalisme à la constructivité : le finitisme », *Revue internationale de philosophie*, vol. XLVII, nᵒ 186, 4/1993, p. 251-283.

—, *Jean Cavaillès. Philosophie mathématique*, Paris, Presses universitaires de France, coll. Philosophie, 1994.

—, « Bolzano et les mathématiques », in BARBIN Évelyne et CAVEING Maurice (éd.), *Les Philosophes et les mathématiques*, Paris, Ellipses, 1996, p. 150-173.

—, « Différents aspects du formalisme », in NEF Frédéric et VERNANT Denis (éd.), *Le Formalisme en question. Le tournant des années 30*, Paris, Vrin, coll. Problèmes et Controverses, 1998, p. 129-146.

—, Articles « Cantor », « Ensembles », « Infini », « Modèle », « Tarski », *Dictionnaire d'histoire et de philosophie des sciences*, sous la direction de LECOURT Dominique, Paris, Presses universitaires de France, 1999.

—, « Alfred Tarski : Semantic Shift, Heuristic Shift in Metamathematics », *Synthese*, nᵒ 126, Kluwer Academic Publishers, 2001, p. 49-65.

—, « Philosophie et histoire », in AGLAN Alya et AZÉMA Jean-Pierre, *Jean Cavaillès résistant ou la Pensée en actes*, Paris, Flammarion, 2002, p. 205-225 et 283-287.

—, « From Kant to Hilbert : French Philosophy of Concepts in the Beginning of the XXth Century », in FERREIRÓS José et GRAY Jeremy, *The Architecture of Modern Mathematics*, Oxford – New York, Oxford University Press, 2006, p. 349-376.

—, « Existe-t-il des nombres infinis ? », in *Histoire des nombres*, chapitre III, La Recherche, Paris, Tallandier, 2007, p. 25-40.

—, « David Hilbert et les mathématiques du xxᵉ siècle », in *Histoire des nombres*, chapitre IV, La Recherche, Paris, Tallandier, 2007, p. 40-56.

BENOIST Jocelyn, *Entre acte et sens*, Paris, Vrin, 2002.

BERNAYS Paul, « Sur le platonisme en mathématiques », in *Philosophie des mathématiques*, traduction, introduction et notes de BENIS SINACEUR Hourya, Paris, Vrin, coll. Mathesis, 2003, p. 83-98.

BLOCH Olivier (dir.), *Spinoza au xxᵉ siècle*, Paris, Presses universitaires de France, 1993.

BOLZANO Bernhard, *Rein analytischer Beweis*, trad. SEBESTIK Jan, *Revue d'histoire des sciences*, vol. XVII, n° 2, avril-juin 1964, p. 129-164.

BOURGEOIS Bernard, *Le Vocabulaire de Hegel*, Paris, Ellipses, 2011.

BROUWER Luitzen Egbertus Jan, « Intuitionnisme et formalisme », in LARGEAULT Jean, *Intuitionnisme et théorie de la démonstration*, Paris, Vrin, coll. Mathesis, 1992, p. 39-53.

—, « Sur le rôle du tiers exclu dans les mathématiques, spécialement en théorie des fonctions », in LARGEAULT Jean, *Intuitionnisme et théorie de la démonstration*, Paris, Vrin, coll. Mathesis, 1992, p. 197-205.

BRUNSCHVICG Léon, *Spinoza*, Paris, Alcan, 1894, repris comme première partie de *Spinoza et ses contemporains*, Paris, Alcan, 1924, 5ᵉ éd., Paris, Presses universitaires de France, 1971.

—, *Les Étapes de la philosophie mathématique*, Paris, Alcan, 1912.

—, *L'Expérience humaine et la causalité physique*, Paris, Alcan, 1922.

—, *Le Progrès de la conscience dans la philosophie occidentale*, t. I et II, Paris, Alcan, 1927.

—, *Héritage de mots, héritage d'idées*, Paris, Presses universitaires de France, 1945.

—, *Écrits philosophiques, II : L'orientation du rationalisme*, Paris, Presses universitaires de France, 1954.

CANGUILHEM Georges, « Mort de l'homme ou épuisement du cogito ? », *Critique*, n° 242, 1967, p. 599-618.

—, « Raymond Aron et la philosophie critique de l'histoire. De Hegel à Weber », *Enquête*, n° 7, 1992, en ligne : http://enquete.revues.org/document138.html.

—, *Vie et mort de jean Cavaillès*, Paris, Allia, 1996.

CASSOU NOGUÈS Pierre,« Conscience et réflexivité dans la philosophie mathématique de Jean Cavaillès », *Methodos*, 1, 2001, p. 267-284, (http://methodos.revues.org/document55.html).

DAGOGNET François, *Changement de perspective : le dedans et le dehors*, Paris, Gallimard, coll. La Table ronde, 2002.

DASTUR Françoise : *Husserl. Des mathématiques à l'histoire*, Paris, Presses universitaires de France, 1999.

DEDEKIND Richard, *La Création des nombres*, édition BENIS SINACEUR Hourya, Paris, Vrin, coll. Mathesis, 2008.

DELBOS Victor, *Le Spinozisme*, Paris, Vrin, 1950.

DESANTI Jean-Toussaint, *Les Idéalités mathématiques*, Paris, Seuil, coll. L'Ordre philosophique, 1968.

—, *La Philosophie silencieuse ou Critique des philosophies de la science*, Paris, Seuil, coll. L'Ordre philosophique, 1975.

D'HONDT Jacques, *Hegel et l'hégélianisme*, Paris, Presses universitaires de France, coll. Que sais-je ?, 1982.

DILTHEY Wilhelm, *Einleitung in die Geisteswissenschaften* (traduction MESURE Sylvie : *Critique de la raison historique. Introduction aux sciences de l'esprit et autres textes*, Paris, Éditions du Cerf, 1992), Leipzig, Duncker & Humblot,

1883, réédition Teubner, Leipzig et Berlin, 1922. Repris dans *Gesammelte Schriften*, Band 1, Goettingen, Vandenhoeck & Ruprecht, 2006.

—, *Der Aufbau der Geschichtlichen Welt in den Geisteswissen-schaften*, 1910, *Gesammelte Schriften*, Band 7 (traduction MESURE Sylvie : *L'Édification du monde historique dans les sciences de l'esprit*, Paris, Éditions du Cerf, 1988).

—, *Die Typen der Weltanschauung*, 1919 (*Les Types de visions du monde*), *Gesammelte Schriften*, Band 8.

DUBARLE Dominique, « Le dernier écrit de Jean Cavaillès », *Revue de métaphysique et de morale*, vol. LVIII, n° 3, p. 225-247, et n° 4, p. 350-378.

EISLER Rudolf, *Kant-Lexikon*, traduction BALMES Anne-Dominique et OSMO Pierre, Paris, Gallimard, 1994.

FÉDI Laurent et SALANSKIS Jean-Michel (dir.), *Les Philosophies françaises et la science : dialogue avec Kant*, Lyon, Société française d'histoire des sciences et des techniques – ENS Éditions, 2001.

FERRIÈRES Gabrielle, *Jean Cavaillès philosophe et combattant, 1903-1944*, Paris, Presses universitaires de France, 1950. Réédition : *Jean Cavaillès. Un philosophe dans la guerre, 1903-1944*, Paris, Seuil, 1982, 4e édition, éd. Le Félin, coll. « Résistance », mai 2003.

FOUCAULT Michel, *La Pensée du dehors*, Paris, Fata Morgana, 1966.

—, *L'Archéologie du savoir*, Paris, Gallimard, 1969.

—, *L'Ordre du discours*, Paris, Gallimard, 1971.

—, « Qu'est ce que les Lumières ? », in *Dits et Écrits*, t. IV, Paris, Gallimard, 1984, p. 562-578.

—, « La vie : l'expérience et la science », *Revue de métaphysique et de morale*, janvier-mars 1985, p. 3-14.

—, « Qu'est-ce que la critique ? », *Bulletin de la Société française de philosophie*, 1990.

FREGE Gottlob, *Die Begriffsschrift. Eine nach der arithmetischen nachgebildeten Formelsprache des reinen Denkens*, Halle, Louis Nebert, 1879. Traduction BESSON Corinne : *L'Idéographie, un langage formulaire de la pensée pure construit d'après celui de l'arithmétique*, Paris, Vrin, 1999.

—, *Die Grundlagen der Arithmetik. Eine logisch mathematische Untersuchung über den Begriff der Zahl*, Breslau, Koebner, 1884 ; en ligne : http://www.ac-nancy-metz.fr/enseign/philo/textesph/Frege.pdf. Traduction IMBERT Claude : *Les Fondements de l'arithmétique. Recherche logico-mathématique sur le concept de nombre*, Paris, Seuil, coll. L'Ordre philosophique, 1969.

—, « Über Sinn und Bedeutung » (1892), traduction IMBERT Claude : « Sens et dénotation », dans *Écrits logiques et philosophiques*, Paris, Seuil, coll. L'Ordre philosophique, 1971, p. 102-126.

GRANGER Gilles-Gaston, « Jean Cavaillès ou la montée vers Spinoza », *Études philosophiques*, nouvelle série n° 2, juillet-décembre 1947, p. 271-279.

—, *Pensée formelle et sciences de l'homme*, Paris, Aubier, coll. Analyses et raisons, 1960.

—, *Pour la connaissance philosophique*, Paris, Odile Jacob, 1988.

—, *Formes, opérations, objets*, Paris, Vrin, coll. Mathesis, 1994.

HEGEL Georg Wilhelm Friedrich, *Phänomenologie des Geistes*, Bamberg & Würzburg, 1807 ; traduction BOURGEOIS Bernard : *La Phénoménologie de l'esprit*, Paris, Vrin, 2006.

—, *Wissenschaft der Logik*, I-III, Nürnberg, J. L. Schrag, 1812-1816 ; édition Lasson, Leipzig, Felix Meiner Verlag, 1951 ; http://www.deutschestextarchiv.de/book/show/hegel_logik0101_1812 ; traduction LABARRIÈRE Pierre-Jean et JARCZYK Gwendoline : *La Science de la logique*, 2 volumes, Paris, Kimé, 2007-2010.

—, *Enzyklopädie der philosophischen Wissenschaften*, Heidelberg, 1817, Dritte Auflage 1830 ; traduction BOURGEOIS Bernard : *Encyclopédie des sciences philosophiques I, La Science de la logique*, Paris, Vrin, 1986.

—, *Leçons sur la logique 1831*, traduction BUÉE Jean-Michel et WITTMANN David, Paris, Vrin, 2007.

—, *Leçons sur l'histoire de la philosophie* (1805-1830), t. I, traduction GIBELIN Jean, Paris, Gallimard, 1954, réédition 2007, et t. VI, traduction GARNIRON Pierre, Paris, Vrin, 1985.

—, *Leçons sur la philosophie de l'histoire*, traduction GIBELIN Jean, Paris, Vrin, 1979.

—, *La Raison dans l'histoire. Introduction à la philosophie de l'histoire* (1822-1830), traduction PAPAIOANNOU Kostas, Paris, Plon, coll. 10/18, 1965, réédition 2003.

HEIDEGGER Martin, *Qu'appelle-t-on penser ?*, traduction BECKER Aloys et GRANEL Gérard, Paris, Presses universitaires de France, 1999.

HILBERT David, *Grundlagen der Geometrie*, Göttingen, 1899, 7e édition, Berlin et Leipzig, Teubner, 1930. Traduction ROSSIER Paul : *Les Fondements de la géométrie*, Paris, Dunod, 1971.

—, « Mathematische Probleme », traduction : « Problèmes mathématiques », *Compte rendu du IIe Congrès international des mathématiciens*, 1900, Paris, Gauthier-Villars, 1902.

—, « Axiomatisches Denken », *Mathematische Annalen*, no 78, 1918. Traduction in *L'Enseignement mathématique*, no 7, 1905, p. 89-103.

—, « Neubegründung der Mathematik », *Abhandlungen des mathematischen Seminar Hamburg*, no 1, 1922 ; traduction LARGEAULT Jean, *Intuitionnisme et théorie de la démonstration*, Paris, Vrin, coll. Mathesis, 1992, p. 107-130.

—, « Über das Unendliche », *Mathematische Annalen*, n° 95, 1926 ; traduction LARGEAULT Jean, « Sur l'infini », in *Logique mathématique. Textes*, Paris, Armand Colin, 1972, p. 215-245.

—, « Die Grundlagen der Mathematik II », *Abhandlungen des mathematischen Seminar Hamburg*, 1928 ; traduction LARGEAULT Jean, *Intuitionnisme et théorie de la démonstration*, Paris, Vrin, coll. Mathesis, 1992, p. 145-163.

—, *Gesammelte Abhandlungen*, t. III, Berlin, Springer, 1935 (contient les articles métamathématiques).

HUSSERL Edmund, *Logische Untersuchungen*, Halle, Niemeyer, 1900-1901, Dritte Auflage 1913 ; *Husserliana* XVIII, XIX. Traduction ÉLIE Hubert : *Les Recherches logiques*, 4 tomes, Paris, Presses universitaires de France, coll. Épiméthée, 1958, réédition 2002.

—, *Ideen zu einer reinen Phänomenologie und phänomenologischen Philosophie*. Erstes Buch : *Allgemeine Einführung in die reine Phänomenologie* I, 1913 ; *Husserliana* III, 1950. Traduction RICŒUR Paul : *Idées directrices pour une phénoménologie*, t. I, Paris, NRF, Gallimard, 1950, réédition 1963.

—, *Formale und Transzendentale Logik. Versuch einer Kritik der logischen Vernunft*, Halle, Niemeyer, 1929 ; *Husserliana* XVII. Traduction BACHELARD Suzanne : *Logique formelle et Logique transcendantale. Essai d'une critique de la raison logique*, Paris, Presses universitaires de France, coll. Épiméthée, 1957, réédition 2009.

—, *Méditations cartésiennes*, traduction LÉVINAS Emmanuel et PEIFFER Gabrielle, Paris, Armand Colin, 1931, réédition Paris, Vrin, 1947, 2001.

—, *Die Krisis der europäischen Wissenschaften und die transzendentale Phänomenologie : Eine Einleitung in die phänomenologische Philosophie*, *Philosophia*. Belgrad. 1, 1936,

p. 77-176 ; *Husserliana* **XXIX**. Traduction GRANEL Gérard : *La Crise des sciences européennes et la phénoménologie transcendantale*, Paris, Gallimard, 1976, réédition 2006.

—, « Die Frage nach dem Ursprung der Geometrie als intentional-historisches Problem », *Revue internationale de philosophie*, n° 2, 15 janvier 1939, p. 203-225. Traduction DERRIDA Jacques : *L'Origine de la géométrie*, Paris, Presses universitaires de France, coll. Épiméthée, 1962.

HYDER David J., « Foucault, Cavaillès, and Husserl on the Historical Epistemology of the Sciences », *Perspectives on Science*, vol. XI, n° 1, MIT Press, 2003. En ligne : http:// muse.jhu.edu/journals/posc/summary/v011/11.1hyder. html.

KANT Immanuel, *Kritik der reinen Vernunft*, Zweite Auflage 1787. Traduction RENAUT Alain : *Critique de la raison pure*, Paris, Aubier, 1997.

—, « Was ist Aufklärung ? », *Berlinische Monatsschrift*, 1784. Traduction MUGLIONI Jean-Michel : *Qu'est-ce que les Lumières ?*, Paris, Hatier, coll. Poche, 2007.

KLEIN Felix, « Vergleichende Betrachtungen über neuere geometrische Forschungen », Erlangen, 1872, *Gesammelte mathematische Abhandlungen*, vol. I, p. 460-497. Traduction : « Considérations comparatives sur les recherches géométriques modernes », *Annales de l'École normale supérieure*, 1891 ; réédition : *Le Programme d'Erlangen*, Paris, Gauthier-Villars, 1974.

—, *Vorlesungen über die Entwicklung der Mathematik im 19. Jahrhundert* (*Leçons sur le développement de la mathématique au XIXᵉ siècle*), 2 volumes, Berlin, Springer, 1926-1927.

—, « Riemann et son influence », in LAUGEL L., *Œuvres mathématiques de Bernhard Riemann*, Paris, Gauthier-

Villars, 1898, p. XIII-XXXV ; nouveau tirage, Albert BLANCHARD, 1968 ; en ligne : http://openlibrary.org/books/.

LARGEAULT Jean, *Intuitionnisme et théorie de la démonstration*, Paris, Vrin, 1992.

LAUTMAN Albert, *Essai sur les notions de structure et d'existence en mathématiques*, Paris, Hermann, 1938.

—, *Essai sur l'unité des sciences mathématiques dans leur développement actuel*, Paris, Hermann, 1938.

—, *Les Mathématiques. Les idées et le réel physique*, Paris, Vrin, 2006.

LE LIONNAIS François, *Les Grands Courants de la pensée mathématique*, Paris, Cahiers du Sud, 1948.

MACHEREY Pierre, *Hegel ou Spinoza*, Paris, Maspero, 1979, réédition La Découverte, 2004.

MERLEAU-PONTY Maurice, *Phénoménologie de la perception*, Paris, Gallimard, 1945.

MOUGIN Henri, « Jean Cavaillès », *La Pensée*, n° 4, juillet-août-septembre 1945, p. 70-83.

POINCARÉ Henri, *Dernières pensées*, Paris, Flammarion, 1912 ; en ligne : http://www.ac-nancy-metz.fr/enseign/philo/textesph/Dernierespensees.pdf.

PRADELLE Dominique, « Le sens de l'antikantisme en philosophie des mathématiques : Cavaillès et Couturat », *Les Cahiers philosophiques de Strasbourg : Kant et les mathématiques*, n° 26, second semestre 2009, p. 171-199.

—, *Par-delà la révolution copernicienne. Sujet transcendantal et facultés chez Kant et Husserl*, Paris, Presses universitaires de France, coll. Épiméthée, 2012.

—, « Vers une genèse des idéalités mathématiques. Cavaillès critique de Husserl », *Archives de philosophie*, n° 76, 2013, p. 239-270.

RAMOND Charles, *Le Vocabulaire de Spinoza*, Paris, Ellipses, 1999.

RICŒUR Paul, *À l'école de la phénoménologie*, Paris, Vrin, 1986.

SCHMIT Roger, « Zur Phänomenologiekritik und Wissenschaftstheorie bei Jean Cavaillès (1903-1944) », *Phänomenologische Forschungen*, Bd 15, Alber, Freiburg, p. 124-147.

SÉNÈQUE, « La Colère », in *L'Homme apaisé (Colère et Clémence)*, trad. CHEMLA Claude, Paris, Arléa, 1990.

SPINOZA Baruch, *Éthique*, texte latin 1677, http://www.ethicadb.org/ ; traduction APPUHN Charles, Paris, Garnier, 1929, http://hyperspinoza.caute.lautre.net. Texte et traduction de PAUTRAT Bernard, Paris, Seuil, 1988, réédition coll. Points Essais, 2010.

—, *Traité de la réforme de l'entendement*, traduction SCALA André, Paris, Éditions de l'Éclat, 2013 ; traduction SAISSET Émile, http://www.spinozaetnous.org./.

—, *Traité théologico-politique*, traduction APPUHN Charles, 1925, en ligne : http://hyperspinoza.caute.lautre.net.

—, *Lettres*, traduction SAISSET Émile, 1842, en ligne : http://www.spinozaetnous.org/telechargement/Lettres.pdf.

TARSKI Alfred, *Einführung in die Mathematische Logik und in die Methodologie der Mathematik*, Wien, Springer, 1937. Traduction TREMBLAY Jacques : *Introduction à la logique*, Paris et Louvain, Gauthier-Villars et E. Nauwelaerts, 1960.

THOMPSON Kevin, « Historicity and Transcendentality : Foucault, Cavaillès, and the Phenomenology of the Concept », *History and Theory*, vol. XLVII, n° 1, p. 1-18. En ligne : http://www.jstor.org/stable/25478720.

WEYL Hermann, « Über die neue Grundlagenkrise der Mathematik », *Mathematische Zeitschrift*, n° 10, 1921, p. 37-79. Traduction LARGEAULT Jean, *Intuitionnisme et théorie de la démonstration*, Paris, Vrin, coll. Mathesis, 1992, p. 55-105.

Glossaire

Absolu :

– Chez Spinoza ce qui est complet, total et sans restriction. Ainsi Dieu est l'être absolument infini, son infinité ne s'appliquant pas qu'à un domaine particulier de ce qui est.

– Chez Kant l'absolu peut servir de principe de la connaissance ou de la morale, mais ne peut être lui-même objet de connaissance.

– Chez Hegel est absolu ce qui a en lui toutes les déterminations. « L'absolu, identité à soi qui se différencie d'avec elle-même et s'identifie à elle-même dans les différences ainsi posées, en se faisant par là totalité » (B. Bourgeois, *Le Vocabulaire de Hegel*). Le projet de Hegel est de penser l'absolu non simplement comme substance, mais comme sujet.

Le savoir absolu est un savoir sur le savoir, c'est la conscience de soi* du savoir comme savoir d'un sujet, c'est l'unité du subjectif et de l'objectif. C'est « l'esprit se sachant lui-même comme esprit ».

Abstrait/concret : D'une façon générale abstraire c'est isoler des qualités ou des caractères pour les considérer à part ; concret est, au contraire, ce qui se donne globalement, dans l'expérience immédiate. Hegel opère un renversement remarquable : pour lui, ce sont les apparences immédiates, et par là même séparées de leur essence, qui sont « abstraites » (la couleur rouge d'une rose, par exemple), tandis que le concret, c'est la réalité *vivante*, considérée dans ce qu'elle a d'*essentiel* (la rose rouge singulière, qui contient en elle-même la cause de ses manifestations sensibles). La progression *spéculative*★ va de l'abstrait (de l'entendement) au concret (de la raison). En mathématiques on qualifie d'abstraites les méthodes qui font abstraction de la nature des objets et procèdent par déduction à partir d'axiomes explicitement énoncés. On donne aussi ce qualificatif aux démonstrations d'existence utilisant le raisonnement par l'absurde★ au lieu de procéder à un calcul effectif★.

Absurde : Le raisonnement par l'absurde (du latin *reductio ad absurdum*) ou apagogique (du grec ancien *apagôgê*) consiste à démontrer la vérité d'une proposition *P* soit en prouvant la fausseté de la négation de *P*, soit en déduisant logiquement de *P* des conséquences contradictoires. Ce raisonnement n'est légitime que dans un système logique binaire ne comportant que deux valeurs, le vrai et le faux, et admettant le tiers exclu★.

Adéquat : Adjectif caractérisant chez Spinoza une idée, une connaissance ou une cause qui correspondent complètement à elles-mêmes.

Âme :

– Traduit le terme latin *mens* généralement utilisé par Spinoza et parfois rendu par « esprit ». L'âme est une affection ou un mode de la pensée, dépendant donc de celle-ci en tant qu'elle constitue un genre d'être ou un attribut de la substance (Dieu), autonome par rapport à tous les autres genres d'être à travers lesquels la substance exprime aussi sa nature.

– Chez Hegel, l'âme est l'esprit* non encore scindé en lui-même, qui ne s'apparaît pas encore à lui-même comme conscience ; elle est l'objet de l'anthropologie, alors que l'apparaître à soi conscientiel de l'esprit est l'objet de la phénoménologie*.

Anneau : Structure algébrique déterminée par la donnée d'un ensemble E muni de deux lois de composition internes, une addition pour laquelle E est un groupe commutatif* (voir « Groupe ») et une multiplication associative, distributive par rapport à l'addition (c'est-à-dire : $a \cdot (b + c) = a \cdot b + a \cdot c$ et $(b + c) \cdot a = b \cdot a + c \cdot a$) et possédant un élément neutre. Si la multiplication est, en outre, commutative, l'anneau est commutatif. Exemple : l'ensemble Z des entiers relatifs muni de l'addition et de la multiplication usuelles.

Apophantique : Partie de la logique qui concerne le jugement.

Archimédien : Une structure* est archimédienne si elle vérifie un axiome analogue à l'axiome d'Archimède : pour deux grandeurs inégales, il existe toujours un multiple entier de la plus petite, supérieur à la plus grande. Exemple : le corps Q des nombres rationnels est archimédien.

Axiome du choix : Étant donné une famille X d'ensembles non vides, il existe une fonction définie sur X appelée fonction de choix, qui à chacun des ensembles associe un de ses éléments.

Bijection : fonction f d'un ensemble E sur un ensemble F qui est bijective, c'est-à-dire à la fois injective et surjective, injective signifiant que tout élément de F est l'image d'au plus un élément de E, surjective signifiant que tout élément de F est l'image d'un élément de E. Ainsi tout élément de F est exactement l'image par f d'un et d'un seul élément de E.

Bon ordre : Un ensemble bien ordonné est un ensemble ordonné dont toute partie non vide possède un plus petit élément, par exemple l'ensemble des entiers naturels* avec l'ordre habituel.

Catégorial : Qui s'élève de la chose sensible à une catégorie générale.

Complétude : En logique mathématique ce terme a deux sens.

1) Une théorie* axiomatique T formalisée dans un langage L est complète si et seulement si tout énoncé φ de L est décidable, c'est-à-dire si soit φ est démontrable soit sa négation est démontrable.

2) Un système de déduction pour une logique telle que le calcul propositionnel, le calcul des prédicats classique ou intuitionniste, etc. est complet si toute formule valide dans *tous* les modèles de cette logique y est démontrable. Le calcul des propositions est complet (théorème de Bernays, 1926) ; le calcul des prédicats du premier

ordre est complet (théorème de complétude de Gödel, 1930) ; en d'autres termes si un énoncé d'une théorie *T* formulée dans le calcul des prédicats du premier ordre est conséquence sémantique de *T*, c'est-à-dire vérifié dans tous les modèles de *T*, alors cet énoncé est conséquence syntaxique de *T*, c'est-à-dire qu'il peut être démontré à partir des axiomes de *T*.

Conatus : Terme latin spécifique du vocabulaire spinoziste et habituellement traduit par « effort », à comprendre comme exercice de la puissance d'exister d'un être singulier : « L'effort par lequel toute chose tend à persévérer dans son être n'est rien de plus que l'essence actuelle de cette chose » (*Éthique*, III, proposition 7).

Concept :
– Chez Spinoza le concept exprime une action de l'âme.
– Chez Hegel le concept est le principe créateur de l'être : il ne doit son contenu ni à la sensibilité ni à la réflexion mais il le crée ; le concept crée ce dont il est le concept, il est autonome. Le concept est absolument concret, car il réunit en lui l'essence et l'existence. Comme chez Spinoza, le concept hégélien a une dimension théologique, mais tandis que le Dieu de Spinoza est un principe, origine de tout, immanent à toute créature, le Dieu de Hegel est la personne du Christ.
– Cavaillès se fait l'écho du caractère divin du concept dans ses lettres à Étienne Borne, et il retient l'idée hégélienne que le concept est un universel concret, qui contient en lui la puissance de sa transformation. Mais, forme propre de la *pensée*, le concept n'est pas la forme propre de la *conscience** comme l'affirme Hegel.

Conscience :

– Pour Spinoza on peut dire que la conscience est la propriété de l'idée de se dédoubler à l'infini ; elle n'est pas réflexion de l'âme sur l'idée, mais réflexion de l'idée dans l'âme*, toujours seconde par rapport à l'idée dont elle est conscience. Le rapport de la conscience à l'idée dont elle est conscience est de fait le même que le rapport de l'idée à l'objet dont elle est connaissance.

– Pour Hegel la conscience est l'apparaître à soi de l'âme qui s'est mise à distance d'elle-même dans le face-à-face sujet-objet. La *Phénoménologie de l'esprit* expose le processus de la conscience à même son contenu, le mouvement de la conscience de se surmonter elle-même vers le savoir absolu, selon différents moments : conscience, conscience de soi, raison, esprit*, religion et savoir absolu, qui n'ont pas d'existence autonome et ne constituent pas, par eux-mêmes, des « figures » réelles, autosuffisantes.

Conscience de soi : Moment (hégélien) de la prise de conscience de l'identité de soi avec soi, « royaume natal de la vérité ».

Corps : En mathématiques un corps commutatif est un anneau* commutatif pour lequel tous les éléments non nuls sont inversibles pour la multiplication. L'ensemble Q des nombres rationnels, l'ensemble R des nombres réels, l'ensemble C des nombres complexes, munis de l'addition et de la multiplication usuelles, sont des corps commutatifs.

Déploiement : Concept brouwérien destiné à rendre compte du continu d'une manière différente de la conception atomiste de l'analyse classique, qui considère le continu comme un ensemble de points. Un déploiement peut se représenter comme un arbre dont toutes les branches sont infinies et dont on peut construire des sous-arbres consistant en les segments initiaux d'un nombre fini de branches. Il consiste en l'indication d'un mode de formation de suites de choix*, précisant comment peuvent être opérés les choix de termes à chaque étape. La collection des « composants » du continu est introduite sur un mode temporel, comme quelque chose dont on connaît la règle de déploiement et non pas quelque chose qui se tient là devant le regard comme une totalité achevée.

Développement : Concept hégélien (*Entwicklung*) indiquant la nature processuelle et progressive de tout ce qui advient dans le monde et dans la pensée. « Le mouvement du Concept* est [...] un développement, par lequel est seulement posé ce qui est en soi déjà présent » (*Encyclopédie*, addition au § 161).

Dialectique : Dans la philosophie antique, méthode de discussion, de raisonnement, de questionnement et d'interprétation, qui est systématiquement utilisée dans les dialogues de Platon. La dialectique de Hegel est un processus de dépassement, c'est-à-dire de négation et de conservation de ce qui est nié (*Aufhebung*). Elle n'est pas seulement une méthode, mais la propriété de tout ce qui est, l'expression du dynamisme interne grâce auquel l'être surpasse chacune de ses figures finies et advient infiniment à soi. Hegel distingue trois moments dans ce processus : le premier est le moment de l'identité abstraite (*A* est *A*), c'est le moment de l'entendement ; le deuxième est le moment proprement dialectique, celui du passage des déterminations finies dans leurs opposées (*A* est non *A*) ; c'est le moment de la raison négative : l'identification des opposés annule chacun d'eux ; le troisième est le moment spéculatif*, celui de la raison positive qui pose l'identité concrète des différences et transforme les étapes antérieures en se les appropriant. *La* dialectique est le processus unitaire de ces trois moments. *Le* dialectique est le moment moteur de la dialectique immanente qui mène de l'identité abstraite de l'entendement à l'identité concrète ou totale de la raison.

Effectif (*wirklich*) :

– Chez Kant, s'oppose à « possible » : les concepts purs (ou catégories) de l'entendement permettent, originairement, la *possibilité formelle* de l'expérience ; celle-ci devient effective lorsque le concept se rapporte à une donnée intuitive, lorsque la pensée formelle devient connaissance d'objet.

– Selon Hegel l'effectif réunit unitairement l'existence et l'essence ; c'est parce que la raison s'effectue dans la réalité existante que l'effectif est rationnel.

– Pour Cavaillès, il faut tenir compte, en outre, des deux sens en rapport avec la pratique mathématique. 1) Une procédure mathématique est effective si elle donne un résultat calculable, « effectif » est alors synonyme de « constructif » ou « récursif ». 2) Du point de vue épistémologique, mettre en valeur la pensée effective c'est d'une façon ou d'une autre : a) accepter le crédo intuitionniste : « La possibilité de la connaissance ne se manifeste à nous que par l'acte de connaître lui-même. » Il en résulte que la pensée symbolique est effective parce qu'elle est travail sur des signes, des formules, des diagrammes ; b) adopter le point de vue sémantique, qui met l'accent sur les liens mutuels entre signe et sens ; c) tenir compte de la matérialité et de l'historicité du travail mathématique.

Entendement : *Intellectus* de Spinoza, *Verstand* de Kant et de Hegel, opposé à raison (*ratio*, *Vernunft*). L'entendement est discursif, analytique, la raison est synthétique.

Entiers de Gauss : Nombres complexes $a + i\,b$ où a et b sont des nombres entiers relatifs.

Entiers naturels : voir Nombres naturels.

Équation différentielle : Relation entre une ou plusieurs fonctions inconnues et leurs dérivées. Les équations différentielles servent à modéliser les phénomènes physiques et biologiques.

Esprit (*Geist*) : Activité de la raison consciente d'elle-même, l'esprit est l'unité de la conscience d'objet et de la conscience de soi, la totalisation des différents moments (ou figures) de la conscience dont chacun « se perd dans l'autre et l'engendre ». Le point d'inflexion de la dialectique phénoménologique de Hegel marque le passage des figures de la conscience individuelle aux figures de l'esprit, qui est un monde. L'esprit s'actualise dans ses divers modes, comme conscience★, conscience de soi★, raison et, en se dépassant lui-même sur son propre sol, comme religion, puis savoir absolu.

Esprit absolu : Le tout de l'Être. L'Esprit absolu a un aspect mondain (pour soi) et un aspect religieux (en soi) ; en effet, sphère d'une automanifestation de l'identité de l'absolu et de sa manifestation, de Dieu et de sa révélation, l'esprit absolu peut être désigné comme une religion, c'est-à-dire « la production de l'agir divin, non une invention de l'homme ». Les deux aspects sont réconciliés dans une compréhension philosophique (en et pour soi) qui rend impossible toute clôture définitive et toute saisie exhaustive.

Essence : Ce qui caractérise un être, lui confère son identité intrinsèque.

– Chez Spinoza, « ce sans quoi la chose ne peut ni être ni être conçue, et qui vice versa ne peut sans la chose être ni être conçu » (*Éthique*, II, déf. 2).

– Chez Hegel : chaînon médian entre l'être et le concept, l'essence est le produit des opérations de l'entendement★ qui fondent l'être en permettant à son essence★ d'apparaître. L'apparition est un moment essentiel de l'essence.

Être de raison : Être qui n'existe que dans la pensée, par opposition à l'être réel, qui existe aussi en dehors de la pensée.

Euclidien/non euclidien : Une géométrie non euclidienne est une théorie géométrique satisfaisant tous les axiomes et postulats posés par Euclide dans les *Éléments*, sauf le postulat des parallèles : par un point hors d'une droite il passe une et une seule parallèle à cette droite. La notion de distance euclidienne entre deux points a, b du plan, de coordonnées (x_a, y_a) et (x_b, y_b), est déterminée par la formule :

$$d(a,b) = \sqrt{(x_b - x_a)^2 + (y_b - y_a)^2}$$

Groupe : Structure algébrique déterminée par la donnée d'un ensemble E d'éléments quelconques muni d'une loi de composition interne, notée *, associative, admettant un élément neutre et telle que tout élément de E a un inverse pour cette loi.

Loi de composition interne : pour tous a et b éléments de E, le résultat $a * b$ est aussi dans E.

Associativité : pour tous éléments a, b et c de E, $(a * b)$ $* c = a * (b * c)$.

Élément neutre : il existe un élément e de E tel que, pour tout a dans E, $e * a = a * e = a$.

Inverse : pour tout élément a de E, il existe b dans E tel que $a * b = b * a = e$, où e est l'élément neutre.

Dans le cas où $a * b = b * a$ pour tous éléments a, b, de E, on dit que le groupe est commutatif ou abélien.

Exemple : l'ensemble **Z** des entiers relatifs forme un groupe commutatif pour l'addition.

Idéal : En mathématiques un idéal à gauche (respectivement à droite) d'un anneau A est un sous-groupe additif I de A tel que pour tout a de A et tout x de I, $ax \in I$ (resp. $xa \in I$). L'ensemble des multiples d'un nombre entier z est un idéal de l'anneau des entiers relatifs **Z**.

Idéaux (éléments idéaux) : En géométrie, points et droites « à l'infini » dont l'introduction permet de conférer une validité générale à l'énoncé : deux droites se coupent toujours en un point. En algèbre, grandeurs imaginaires qui permettent une simplification des théorèmes sur l'existence et le nombre de racines d'une équation. En logique, Hilbert considérait les propositions contenant les quantificateurs universel (pour tout…) et existentiel (il existe…) comme des éléments idéaux du langage logique.

Idée :
– Chez Platon traduit *eidos*, qui est aussi traduit par « forme ». Les Idées de Platon sont des réalités immatérielles et immuables, universelles et intelligibles, indépendantes de la pensée et distinctes de la réalité, diverse et changeante, du monde sensible.

– Chez Spinoza une idée est un mode de la pensée, c'est-à-dire une expression singulière de la substance une et infinie, Dieu. « Par *idée*, j'entends un concept de l'âme, que l'âme forme pour ce qu'elle est une chose pensante » (*Éthique*, II, déf. 3). Une idée ne s'explique que par une autre idée, ce qui indique, en ce qui concerne les idées, de s'en tenir strictement à la pensée sans considération d'un autre attribut. L'idée d'une idée « n'est autre chose que la forme de cette idée, en tant qu'on la considère comme mode de la pensée, sans égard à son objet » (*Éthique*, II, proposition 21, scholie). Une idée vraie est une idée complète. « Une idée vraie dans l'âme humaine, c'est une idée qui est en Dieu d'une manière adéquate en tant que sa nature est exprimée par la nature humaine » (*Éthique*, II, proposition 43, démonstration). « Avoir une idée vraie ne signifie rien d'autre en effet que connaître une chose parfaitement, de façon optimale. On ne peut en douter raisonnablement, à moins de s'imaginer qu'une idée est une chose muette et inanimée, comme une peinture, et non un mode de la pensée, l'acte même de comprendre » (*Éthique*, II, proposition 43, scholie). « Par *idée adéquate* j'entends une idée qui, considérée en soi et sans regard à son objet, a toutes les propriétés, toutes les dénominations intrinsèques d'une idée vraie » (*Éthique*, II, déf. 4). Avoir une idée adéquate d'une chose c'est la connaître en elle-même.

– Chez Hegel l'idée est « le centre de tout le réel et [...] tout ce qui est résulte du développement de l'idée » (*Wissenschaft der Logik*, II) ; elle est l'unité de l'objet et du sujet qu'implique le concept, mais elle désigne cette unité portée à sa totale réalisation. « L'Idée absolue est l'Être, seule elle est la Vie impérissable, la Vérité qui se sait telle, toute vérité [...]. La Nature et l'Esprit sont, en général, les deux modes sous lesquels elle se présente, l'art et la philosophie sont les deux modes sous lesquels elle s'appréhende et se donne son être-là approprié. » L'Idée est la forme supérieure de l'Esprit★, s'extériorisant dans la nature et dans l'histoire.

Induction : Le principe d'induction ou raisonnement par récurrence vise à démontrer une propriété satisfaite par tous les entiers naturels★, 0, 1, 2, 3… Si une propriété P est satisfaite par l'entier 0 et si, lorsque P est satisfaite par un entier naturel n quelconque, elle est également satisfaite par son successeur $n + 1$, alors elle est vraie de tous les entiers naturels.

Induction transfinie : Généralisation à la classe des ordinaux★ transfinis de l'induction★ sur les entiers naturels★. Le premier ordinal transfini, noté ω, correspond à l'ensemble des nombres naturels★ ordonné par la relation <.

Infini potentiel/infini actuel : La *suite* des nombres entiers positifs constitue l'exemple prototypique de l'infini potentiel ; cela signifie que tout nombre entier n quelconque, si grand soit-il, a un successeur $n + 1$. L'ensemble des nombres entiers positifs, considéré comme *totalité achevée*, est un exemple d'infini actuel.

Métamathématique : Terme forgé par Hilbert pour désigner une nouvelle discipline mathématique ayant pour objet l'étude de la démonstration en tant que telle. Hilbert utilisait de manière synonyme « théorie de la démonstration » (*Beweistheorie*). Tarski élargit le sens du terme de manière à y inclure la sémantique formelle ou étude mathématique du concept de vérité mathématique et d'autres concepts s'y rapportant. Métamathématique se mit à désigner l'étude des rapports mutuels de la syntaxe et de la sémantique des théories mathématiques.

Modèle : Une théorie* T a un modèle M si M est une structure* formulée dans le langage de T et satisfaisant tous les axiomes de T.

Nombre cardinal : Sert à préciser le nombre d'éléments d'un ensemble fini ou infini. Pour les ensembles finis, nombre cardinal et nombre ordinal coïncident, mais ce n'est pas le cas pour les ensembles infinis. Le cardinal de l'ensemble des entiers naturels* est le dénombrable : $\aleph_0$, celui de l'ensemble des nombres réels est le continu : $2^{\aleph_0}$. L'hypothèse du continu formulée par Cantor consistait à poser $\aleph_0 < 2^{\aleph_0}$; cette hypothèse est indécidable dans la théorie de Zermelo-Fraenkel avec axiome du choix* (ZFC), c'est-à-dire qu'elle n'y est ni démontrable ni réfutable.

Nombre complexe : Nombre de la forme $a + i b$ où a et b sont des nombres réels et i est l'unité imaginaire, c'est-à-dire un nombre dont le carré est égal à -1 ($i^2 = -1$). Les nombres complexes forment un corps commutatif contenant le corps des nombres réels.

Nombre naturel : Nombre entier positif ou nul.

Nombre ordinal : Sert à préciser le rang d'un élément dans un ensemble. Plus généralement, il permet de caractériser le type d'ordre d'un ensemble bien ordonné ; un ordinal est défini par l'ensemble des ordinaux qui le précèdent. On définit sur les ordinaux transfinis* une addition et une multiplication qui sont associatives mais non commutatives.

Nombre réel : Nombre qui peut être représenté par une partie entière et une liste finie ou infinie de décimales.

Cette définition s'applique donc aux nombres rationnels, dont les décimales se répètent de façon périodique à partir d'un certain rang, mais aussi à d'autres nombres dits *irrationnels*, tels la racine carrée de 2, π ou la base *e* du logarithme népérien (la fonction logarithme est telle que sa dérivée est la fonction inverse : $x \to 1/x$).

Nombre réel algébrique : Nombre réel qui est solution d'une équation algébrique à coefficients rationnels. Un nombre irrationnel peut être algébrique comme $\sqrt{2}$ ou non algébrique, auquel cas on dit qu'il est transcendant ; les nombres π, sin(1), *e* (base du logarithme népérien), $2\sqrt{2}$, sont transcendants.

Phénoménologie :
– Au sens de Hegel : étude de l'esprit* en tant qu'il s'apparaît à lui-même dans la relation sujet-objet, c'est-à-dire étude de l'« expérience de la conscience ». La *Phénoménologie de l'esprit* décrit le processus dialectique de la conscience dépassant les négations successives, depuis la première opposition immédiate entre elle et l'objet, puis la conscience de soi, la raison, l'esprit, la religion, jusqu'au savoir absolu, qui est selon Hegel savoir de l'être dans sa totalité, intériorisation de l'objet, ou identité de l'objet de la pensée et de l'activité de connaissance dont le résultat est l'objet lui-même.
– Au sens de Husserl, la phénoménologie, dégagée des présupposés métaphysiques, est une science et une méthode spécifique pour étudier les contenus de conscience. Dans un premier temps, qui correspond aux *Recherches logiques*, l'intentionnalité apparaît comme la structure fondamentale de la conscience visant des unités idéales de signification. « C'est l'intentionnalité qui caractérise la *conscience* au sens

fort et qui autorise en même temps de traiter tout le flux du vécu comme un flux de conscience et comme l'unité *d'une* conscience » (*Ideen*, I, § 84). Puis Husserl attaque la question de savoir comment la visée intentionnelle constitue ses objets. La phénoménologie pure ou transcendantale vise alors à mettre au jour les structures universelles de l'objectivité.

Récursif : Calculable par un processus mécanique.

Série : Généralisation de la notion de somme pour une suite infinie de termes. L'étude d'une série S consiste à évaluer la somme d'un nombre fini n de termes successifs (somme partielle S_n) de S, puis, par un passage à la limite, à identifier le comportement de S lorsque n devient indéfiniment grand. Un certain nombre de méthodes permettent de déterminer la nature (convergente ou non) d'une série sans réaliser explicitement les calculs. Une série est convergente si la suite des sommes partielles S_n a une limite.

Spéculatif : S'oppose à réflexif. Pour Kant et Fichte la réflexion constitue le sujet en le séparant de l'être ; pour Hegel la philosophie est spéculative en tant que la pensée est le miroir reflétant l'être en lui-même. La raison dialectique* dépasse les oppositions rigides de l'entendement* pour se transformer, à son tour, en raison spéculative. La raison spéculative produit la négation ou la différenciation de l'identique et permet ainsi qu'un concept ne soit pas qu'une abstraction mais aussi une manifestation concrète.

Structure : Ensemble, non vide, E d'éléments quelconques (dont la nature n'est pas spécifiée) muni d'une ou plusieurs relations et fonctions, qui satisfont à certaines conditions que l'on énumère à titre d'axiomes de la structure envisagée, par exemple les axiomes de la structure de groupe* ou ceux de la structure de corps commutatif* (voir « Groupe » et « Corps »).

Structure concrète/abstraite : Une structure est dite concrète quand elle est la structure d'un modèle* particulier, défini par un ensemble d'éléments spécifiés muni de relations ou de fonctions spécifiées, par exemple la structure de groupe du groupe Z des entiers relatifs muni de l'addition usuelle. Une structure est abstraite lorsque les éléments de l'ensemble sous-jacent ainsi que les lois de composition de ces éléments sont indéterminés ; il en résulte qu'une structure abstraite a, *a priori*, plusieurs modèles. Ainsi, les axiomes de groupe sont satisfaits aussi par l'ensemble des permutations d'un ensemble E, c'est-à-dire l'ensemble des bijections* de E sur lui-même et par bien d'autres ensembles d'éléments.

Suite de choix : Concept brouwérien servant à caractériser un ensemble non en tant que totalité achevée mais en tant que suite non bornée de choix spécifiés au fur et à mesure. C'est une suite en devenir. Le concept de suite de choix comporte tous les intermédiaires entre une suite libre ou irrégulière, où tous les choix sont totalement arbitraires, et une suite régulière, qui est prédéterminée ou déterminée par une loi.

Théorie : La théorie axiomatique T d'une structure* donnée est l'ensemble des axiomes de T et de leurs conséquences logiques énoncés dans un langage précisé.

252 CAVAILLÈS

Tiers exclu : Une proposition A est ou bien vraie ou bien fausse (une troisième possibilité étant exclue), ou encore, A étant donnée, on peut toujours prouver A ou prouver sa négation $\neg A$.

Transfini : Les nombres naturels 0, 1, 2, 3, ... correspondent aux ensembles finis. Les nombres transfinis de Cantor correspondent aux ensembles infinis, constituant une échelle dont le premier élément correspond à l'ensemble dénombrable des nombres entiers naturels* $\{0, 1, 2, 3, ...\}$. À l'ensemble continu des nombres réels correspond un nombre transfini que Cantor a supposé être le second élément de l'échelle du transfini. Mais l'« hypothèse du continu » s'est révélée être ni réfutable dans la théorie des ensembles de Zermelo-Fraenkel (Gödel, 1938) ni démontrable dans cette théorie (Cohen 1963) : il s'agit donc d'un énoncé indécidable dans cette théorie.

Treillis : Ensemble ordonné E où toute paire d'éléments a une borne supérieure (le plus petit des majorants de E) et une borne inférieure (le plus grand des minorants de E).

Index nominum

Index rerum

Table des matières

Ce volume,
le cinquante-troisième de la collection
« Figures du savoir »,
publié aux éditions Les Belles Lettres,
a été achevé d'imprimer
en octobre 2013
par La Manufacture imprimeur
52205 Langres Cedex

N° d'éditeur : 7718
N° d'imprimeur : 13859
Dépôt légal : novembre 2013

Imprimé en France